Gewidmet
DIR
und meinen geliebten Eltern
Jean und Gordon Buzan

Mit Dank an alle, deren tatkräftige Mitarbeit es mir ermöglichte, dieses Buch zu schreiben:

Zita Albes, Astrid Andersen, Jeannie Beattie,
Nick Beytes, Mark Brown, Joy Buttery,
meinen Bruder Barry Buzan, Bernard Chibnall,
Steve and Fanny Colling,
Susan Crockford, Tricia Date, Charles Elton,
Lorraine Gill, Bill Harris,
Brian Helweg-Larsen,
Thomas Jarlov, Trish Lillis, Hermione Lovell,
Annette McGee, Joe McMahon,
Khalid Ranjah, Auriol Roberts,
Ian Rosenbloom,
Caitrina Ni Shuilleabhain,
Robert Millard Smith, Chris and Pat Stevens,
Jan Streit, Christopher Tatham,
Lee Taylor, Nancy Thomas, Sue Vaudin,
Jim Ward, Bill Watts, Gillian Watts.

TONY BUZAN

KOPF TRAINING

Anleitung zum kreativen Denken
Tests und Übungen
Methoden und Techniken

ORBIS VERLAG

Titel der Originalausgabe: USE YOUR HEAD
Originalverlag: Ariel Books / British Broadcasting Corporation,
London
Aus dem Englischen übertragen von Martin Schulte

Die Abb. 1, Seite 14, ist entnommen aus »The organisation of the
brain« (Seite 102) von Walle J. H. Nauta und Michael Feirtag.
SCIENTIFIC AMERICAN Inc. 1979. (Alle Rechte vorbehalten)
Die Kartogramme auf den Seiten 113–116 wurden nach Vorlagen
von Lorraine Gill gezeichnet.

Inhalt

Einleitung 9

1 Ihr Geist ist besser, als Sie denken 13

Was wir von unserem Geist wissen · Unsere zwei Gehirne ·
Neue Entdeckungen · Wechselnde Verbindungen und Kon-
takte der Neuronen · Warum die Leistung unseres Gehirns
nicht seiner Kapazität entspricht · Die begrenzte Aussage-
fähigkeit des IQ-Tests · Ein Beweis für die Leistungsfähigkeit des Gehirns: Das menschliche Baby

2 Rationeller und schneller lesen 29

Probleme des Lesens und Lernens · Definition des Lesens
und Lernens · Warum Leseprobleme entstehen · Falsche
Auffassungen von Lesen und Schnell-Lesen; wodurch sie
entstehen · Das Auge · Wahrnehmung während des Lesens
und Lernens · Langsames Lesen ist kein physisches Problem · Vorzüge des schnellen Lesens · Moderne Lesetechniken · Metronom-Training

3 Gedächtnis 51

Gedächtnistests · Erinnern während einer Lernperiode ·
Erinnern nach einer Lernperiode · Wiederholen: Techniken und Theorie · Wiederholen, geistige Leistungsfähigkeit
und Alter · Memoriersysteme · Das Zahl-Reim-System ·
Schlüsselwörter und Schlüsselbegriffe für das Erinnern

4 Notizen und Aufzeichnungen 81

A Schlüsselwörter 82

Übungen mit Schlüsselwörtern; Standardantworten ·
Schlüsselwörter und -begriffe – kreativ und erinnernd ·
Variabilität von Wortbedeutungen · Individuelle Wort-
interpretation · Gedächtnis – ein Vergleich zwischen
Standardnotiz und Schlüsselwortnotiz

B Mind Maps für Erinnerung und kreatives Denken 97
Übung · Wort und Schrift gelten traditionell als lineare
Prozesse · Kontrast: Die Struktur des Gehirns · Moderne
Aufzeichnungstechniken – das *Mind Map*

C Mind Maps – moderne Methoden und Anwendungen . . 118
Modelle für das Gehirn · Technologie und neue Erkenntnisse über uns selbst: Das Hologramm als Modell für das
Gehirn · Moderne *Mind-Map*-Methoden · Weitere Anwendungsmöglichkeiten für kartographische Techniken · Vorbereitung von Vorträgen und Artikeln · Aufzeichnungen bei Vorlesungen · Kreative *Mind Maps* für
Meetings

5 Buzans Organische Studienmethode 131

A Einführung 132
Die Probleme, das Studium »anzugehen« · Gründe für
Angst und Abneigung, sich mit Studienbüchern zu befassen · Probleme, die durch die Anwendung von Standardtechniken des Studierens entstehen · Neue Techniken
des Studierens · Planung des Studiums nach menschlichen Kriterien

B Vorbereitung 143
Entscheidung über Zeiteinteilung · Bestimmen des Studienumfangs (Menge) · Notieren des vorhandenen Wissens zum Thema des Studiums · Definition der Gründe
für das Studium und der angestrebten Ziele

C Anwendung 155
Thematische Überschau · Vorschau · Ergänzende Text-
einsicht · Nachschau · Zusammenfassung der Organischen Studienmethode

Nachwort 170

Bibliographie 172

Einleitung

Dieses Buch will Ihnen helfen, Ihre geistigen Kräfte zu aktivieren. Wenn Sie das Buch gelesen haben, werden Sie besser verstehen, wie Ihr Verstand arbeitet, und Sie werden ihn mit größerem Nutzen gebrauchen. Sie werden in der Lage sein, schneller und rationeller zu lesen, effektiver zu lernen, Probleme leichter zu lösen und Ihr Erinnerungsvermögen zu intensivieren.

Dieser einleitende Abschnitt umreißt in allgemeinen Leitlinien den Aufbau des Buches und erläutert die besten Methoden, die Informationen anzuwenden:

Die Kapitel

Jedes Kapitel befaßt sich mit einem besonderen Aspekt der Gehirnfunktion. Zunächst stellt das Buch in einem kurzen Überblick unser dem neuesten Stand der Forschung entsprechendes Wissen über das Gehirn dar und zeigt dann Methoden zur bestmöglichen Nutzung unseres Seh- und Wahrnehmungsvermögens. In einem weiteren Kapitel wird erläutert, wie man das Gedächtnis sowohl während des Lesens wie nach dem Lesen verbessern kann. Außerdem wird ein besonderes System zum Memorieren von Wort- und Begriffsreihen vorgestellt.

Die mittleren Kapitel befassen sich mit den internen Denkstrukturen. Wenn wir wissen, wie wir denken, können wir Methoden erarbeiten, unsere Sprache, Worte und Vorstellungen zur Speicherung, Organisation, Erinnerung, zu kreativem Denken und zur Problemlösung einzusetzen.

Die letzten Kapitel erläutern die neue »Organische Studienmethode«, die dazu befähigt, jedes Fachgebiet, von der Fremdsprache bis zur höheren Mathematik, zu studieren.

Auf den Seiten 113–116 finden Sie Kartogramme, die Sie vor dem Lesen jedes Kapitels anschauen sollten. Sie geben eine gedrängte Übersicht des behandelten Stoffes – als Vorschau und Gedächtnisstütze.

Ihre Mitarbeit

Üben ist eine wesentliche Voraussetzung, um die Methoden beherrschen und die Informationen effektiv anwenden zu lernen. In verschiedenen Abschnitten des Buches sind daher Übungsaufgaben eingestreut und werden Anleitungen zu mehr persönlicher Initiative gegeben. Sie sollten Ihre eigene Methode und Ihren eigenen Studienplan erarbeiten und sich möglichst eng an ihn halten.

Persönliche Notizen

Am Ende jedes Kapitels finden Sie Leerseiten für »persönliche Notizen«. Sie sollten sich dort während des Lesens eigene Gedanken notieren, die Sie festhalten möchten. Sie können sie auch dazu benutzen, relevante Informationen zu notieren, die Sie nach dem Lesen des Buches entdecken.

Bibliographie

Auf den Seiten 172–175 finden Sie ein Verzeichnis wichtiger Bücher. Es handelt sich dabei nicht nur um wissenschaftliche Quellenangaben, es werden auch solche Bücher aufgeführt, die Ihnen helfen können, Ihr Grundlagenwissen zu verbessern, und solche, die Ihnen detailliertere Informationen über die Einzelthemen geben, die in unserem Buch behandelt werden.

Die Time-Life-Bücher geben klare, mit Graphiken unterstützte Darstellungen aus dem Themenkreis Wahrnehmung und

Geist und sind hervorragend für Lesen und Lernen in der Familie geeignet.

Mein eigenes Buch *Special memory* ist eine Zusammenstellung spezieller Techniken des Gedächtnistrainings, um Listen, Zahlen, Namen, Gesichter usw. in die Erinnerung zurückzurufen.

Sich selbst kennenlernen

Ich hoffe, daß dieses Buch Ihnen helfen wird, Ihre Individualität zu entfalten, daß Sie durch eine wachsende Erkenntnis Ihres Wesens fähig werden, Ihre eigenen Wege des Denkens zu entwickeln.

Jeder, der die Informationen dieses Buches nutzt, beginnt auf seinem eigenen, von allen anderen unterschiedenen Niveau der Lernfähigkeit, und er wird seine Kräfte in dem ihm entsprechenden Tempo entwickeln. Es ist daher wichtig, daß Sie Ihre Fortschritte nur nach Ihren eigenen Maßstäben, nicht nach denen anderer, beurteilen.

Obwohl ein großer Teil der Informationen dieses Buches auf Lesen, methodisches Lernen und Gedächtnistraining bezogen wird, ist der Rahmen der Anwendungsmöglichkeiten in Wirklichkeit viel größer. Wenn Sie das Buch gründlich gelesen und erarbeitet haben, dann schauen Sie es noch einmal unter dem Gesichtspunkt durch, für welche anderen Lebensbereiche es Ihnen wertvolle Anregungen geben kann.

1

Ihr Geist ist besser, als Sie denken

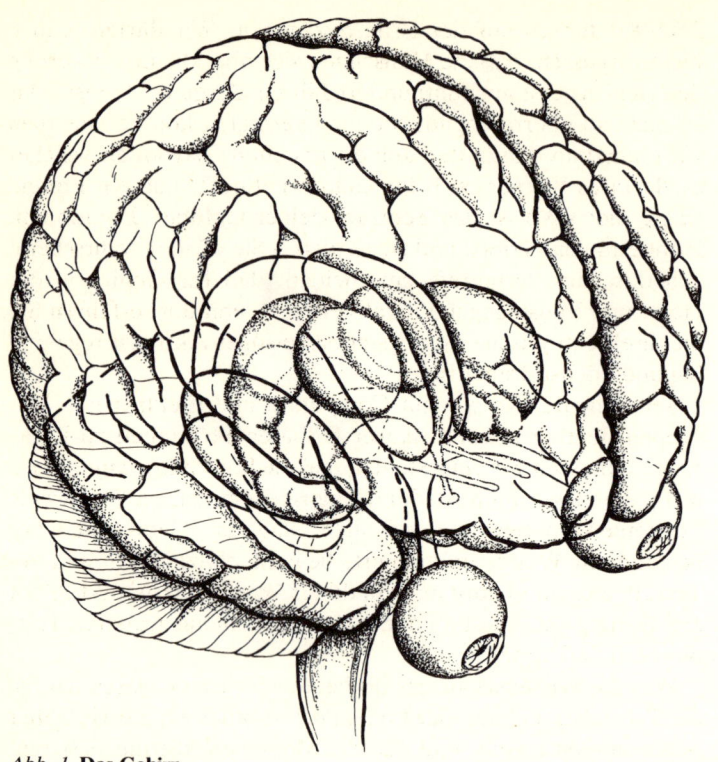

Abb. 1 **Das Gehirn**
Quelle: SCIENTIFIC AMERICAN

Seit ich 1974 das Einführungskapitel über das Gehirn für die erste Ausgabe von *Use your Head* geschrieben habe, hat die Gehirnforschung neue umwälzende und aufregende Entdeckungen gemacht. Statt wie damals festzustellen, daß »erst in den letzten einhundertfünfzig Jahren« die wesentlichen Fortschritte in diesem Wissensbereich erzielt wurden, kann ich jetzt sagen, daß der Großteil unseres heutigen Wissens der Forschung der letzten zehn Jahre zu verdanken ist.

Das scheint ein außerordentlich später Zeitpunkt zu sein, wenn man bedenkt, daß die Vorläufer des Homo sapiens vor

14

3 500 000 Jahren auf der Erde erschienen. Wir dürfen jedoch nicht vergessen, daß die Menschheit sich über die Lokalisierung des Gehirns erst vor fünfhundert Jahren klargeworden ist. Das ist nicht so überraschend, wie man vermuten könnte. Nehmen wir einmal an, Sie hätten keine Vorstellung davon, an welcher Stelle Ihres Körpers sich Ihr Gehirn befindet, und ein Freund fragte Sie: »Wo ist das Zentrum deiner Gefühle, Emotionen, Erinnerungen, Triebe und Begierden?« Sie würden wahrscheinlich durchaus vernünftig entscheiden, daß Ihr Gehirn in der Herz- und Magengegend lokalisiert sei; denn dort erfahren Sie die direkte physische Manifestation geistiger Aktivität regelmäßig und höchst dramatisch.

Selbst heute, wo wir mit Computern und Elektronenmikroskopen dem so äußerst schwer faßbaren Phänomen zu Leibe rücken, müssen wir eingestehen, daß die Forschung immer noch nicht über das Anfangsstadium hinausgekommen ist. Wenn viele Testreihen zu beweisen scheinen, daß das Gehirn in einer bestimmten Weise funktioniert, beweist plötzlich ein anderer Test, daß es überhaupt nicht in dieser Weise funktioniert. Oder die Testung eines bestimmten Gehirns macht alle früheren Tests plötzlich bedeutungslos.

Was die Wissenschaft uns bis heute wirklich bewiesen hat, ist die Tatsache, daß der Geist unendlich subtiler ist, als wir früher angenommen haben, und daß die Menschen, die das besitzen, was man ironischerweise einen »normalen« Verstand nennt, über viel größere Fähigkeiten und ein viel höheres geistiges Potential verfügen, als wir früher für möglich gehalten hätten.

Ein paar Beispiele sollen das verdeutlichen.

Die meisten wissenschaftlichen Disziplinen werden, trotz ihrer offenbar unterschiedlichen Richtung, immer mehr in einen Strudel hineingezogen, dessen Zentrum der Geist ist. Chemiker sind heute mit den komplizierten chemischen Strukturen in unserem Gehirn und ihren fast unbegrenzten wechselseitigen Kontakten konfrontiert. Biologen quälen sich mit den biologischen Funktionen des Gehirns ab. Physiker finden Parallelen zu ihren Weltraumforschungen. Psychologen versuchen, den Geist endgültig »festzulegen«, und machen die frustrierende Erfahrung, daß sie ebensogut versuchen könnten, ein Quecksilberkügelchen in den Fingern festzuhalten. Und Mathematiker, die Modelle für komplizierte Computer und sogar für das Universum selbst konstruiert haben, sind immer noch nicht in der Lage, eine Formel für die Prozesse aufzustellen, die regelmäßig, solange wir leben, in unserem Kopf ablaufen.

Was wir während der letzten zehn Jahre entdeckt haben, sind vor allem folgende Tatsachen: daß man eher von zwei Großhirnen sprechen könnte als von einem und daß die beiden in sehr verschiedenen geistigen Bereichen operieren; daß die potentiellen Fähigkeiten des Gehirns größer sind, als man noch Ende der sechziger Jahre annahm. Und schließlich, daß unser Gehirn ganz spezielle Nahrung braucht, um überleben zu können. (Siehe Abb. 2.)

In kalifornischen Laboratorien begann in den späten sechziger und frühen siebziger Jahren eine Forschungsarbeit, die unser Verständnis des menschlichen Gehirns entscheidend ändern sollte. Sie brachte Roger Sperry vom California Institute of Technology einen Nobelpreis und Robert Ornstein weltweite Anerkennung für seine Arbeit über Hirnwellen und über Funktionsspezialisierung ein.

Vereinfachend gesagt: Sperry und Ornstein entdeckten, daß die beiden Seiten unseres Gehirns – oder unsere beiden Gehirne –, die durch ein phantastisch komplexes Netzwerk von Nervenfasern, das *Corpus Callosum*, miteinander verbunden sind, verschiedenen Typen geistiger Aktivität zuzuordnen sind.

Bei den meisten Menschen ist die linke Seite des Gehirns für Logik, Sprache, Urteilsvermögen, Zahlen, Linearität, Analyse usw. zuständig. Während die linke Seite mit diesen Aktivitäten befaßt ist, befindet sich die rechte Seite in der »Alpha-Welle«, in einem Ruhezustand. Die rechte Seite des Gehirns ist zuständig für Rhythmus, Musik, Bilder, Phantasie, Farbe, Parallelität, Wachträumerei, Erkennung von Gesichtern, Mustern und Flächendimensionen.

Folgeuntersuchungen zeigten, daß die gezielte Entwicklung bestimmter bisher brachliegender Fähigkeiten nicht zu Lasten anderer Bereiche geistiger Tätigkeit ging, sondern einen syner-

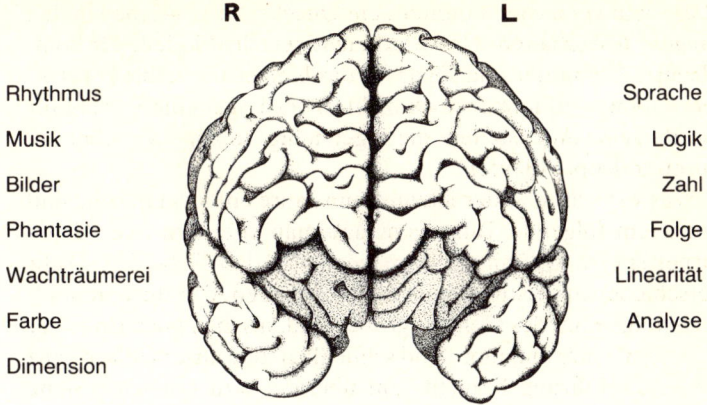

R   **L**

Rhythmus	Sprache
Musik	Logik
Bilder	Zahl
Phantasie	Folge
Wachträumerei	Linearität
Farbe	Analyse
Dimension	

Abb. 2 **Die zwei Seiten unseres Gehirns und ihre Funktionen (Vorderansicht).**

getischen Effekt hervorbrachte, durch den alle Gebiete geistiger Leistung sich verbesserten.

Auf den ersten Blick schien die geschichtliche Erfahrung dieser Entdeckung jedoch zu widersprechen, denn die meisten der »großen Gehirne« erschienen in ihrer geistigen Leistung als sehr einseitig ausgeprägt: Bei Einstein und anderen Wissenschaftlern schien die linke Gehirnhälfte zu dominieren, während bei Picasso, Cézanne und anderen Malern und bei Musikern eine Dominanz der rechten Hälfte zu bestehen schien.

Eine gründliche Untersuchung förderte jedoch einige faszinierende Tatsachen zutage: Einstein versagte in der Schule in Mathematik, zu seinen Lieblingsbeschäftigungen gehörten das Geigenspiel, Segeln und Phantasiespiele!

Einstein selbst räumte seinen Phantasiespielen einen erheblichen Einfluß auf viele seiner bedeutenden wissenschaftlichen Entdeckungen ein. Als er an einem Sommertag auf einem Hügel träumend in die Ferne blickte, stellte er sich vor, auf Sonnenstrahlen zu den äußersten Enden des Universums zu reiten, und als ihn schließlich seine Phantasie »unlogischerweise« auf die Oberfläche der Sonne zurückbrachte, wurde ihm plötzlich klar, daß das Universum gekrümmt sein müsse und daß sein bisheriges

17

»logisches« Training unvollständig war. Die Zahlen, Formeln, Gleichungen und Worte, in die er seine neue Weltvorstellung kleidete, gaben uns die Relativitätstheorie – eine Synthese links- und rechtsseitiger Gehirnfunktionen.

Ebenso stellte sich heraus, daß die großen Künstler »beidhirnig« waren. Im Notizbuch eines großen Malers finden wir zum Beispiel folgende Eintragung: Um 6 Uhr auf. Siebzehnter Tag mit dem Malen von sechs Stück der letzten Serie verbracht. Mischte vier Teile Orange mit zwei Teilen Gelb, um eine Farbkombination zu produzieren, die ich auf die obere linke Ecke der Leinwand auftrug, als visuellen Gegensatz zu Spiralstrukturen in unterer rechter Ecke. Damit gewünschtes Gleichgewicht im Auge des Betrachters erreicht. – Ein Beispiel, wieviel linksseitige Gehirntätigkeit in das eingeht, was wir normalerweise als rechtsseitige Gehirnproduktion betrachten.

Wir können den Entdeckungen von Sperry und Ornstein, den experimentellen Beweisen für die Steigerung sämtlicher Geistesleistungen durch die Entwicklung eines Teilbereichs und der historischen Tatsache, daß viele der »großen Gehirne« beide Seiten der Gehirnfunktionen nutzten, noch ein weiteres interessantes Phänomen hinzufügen. In der Geistesgeschichte der letzten tausend Jahre nimmt ein Mann eine einzigartige Stellung ein, der ein überragendes Beispiel für die Leistungsfähigkeit eines beidseitig voll entwickelten Gehirns gegeben hat: Leonardo da Vinci. Er war zu seiner Zeit wohl die größte Kapazität in *jeder* der folgenden Disziplinen: Malerei, Skulptur, Physiologie, allgemeine Naturwissenschaften, Architektur, Mechanik, Anatomie, Physik und Erfindung. Statt diese verschiedenen Gebiete seiner latenten Begabung getrennt zu entwickeln, *kombinierte* er sie. Leonardos wissenschaftliche Notizbücher sind angefüllt mit dreidimensionalen Zeichnungen und Bildern. Was aber vielleicht noch interessanter ist: Die letzten Entwürfe zu seinen großen Meisterwerken der Malerei sehen oft aus wie Architekturpläne – Geraden, Winkel, Kurven und Zahlen.

Es scheint sich also so zu verhalten: Wenn wir glauben, auf bestimmten Gebieten begabt und auf anderen unbegabt zu sein, dann beschreiben wir in Wirklichkeit solche Gebiete unseres geistigen Potentials, die wir erfolgreich entwickelt haben, und andere Gebiete, die ungeweckt brachliegen, die aber mit der richtigen Pflege durchaus zur Entfaltung gebracht werden könnten.

Die Erkenntnisse über die Funktionen der rechten und linken Gehirnhälfte geben uns zusätzliche Anregungen für die Erarbeitung von Memorierungssystemen, für Kommunikation und für lineare und kartographische Aufzeichnungstechniken; denn für jede dieser Tätigkeiten ist es wesentlich, beide Seiten des Gehirns zu nutzen.

Eine interessante zusätzliche Feststellung soll hier angemerkt werden: Dr. David Samuels vom Weizmann Institute schätzte, daß zur Bewältigung des Basisbereichs der Gehirntätigkeiten in jeder Minute zwischen 100 000 und 1 000 000 verschiedene chemische Reaktionen stattfinden!

Wir wissen auch, daß sich in einem durchschnittlichen menschlichen Gehirn 10 000 000 000 individuelle Neuronen (Nervenzellen) befinden. Diese Zahl schien noch bemerkenswerter, als man feststellte, daß jedes Neuron mit anderen Neuronen nicht nur auf einem, sondern auf vielen Wegen zusammenwirkt. Als ich 1974 das Manuskript der ersten Ausgabe von *Use Your Head* schrieb, war man gerade zu dem Ergebnis gekommen, daß die Zahl der Wechselverbindungen schätzungsweise 10^{800} (10 mit 800 Nullen) beträgt. Um uns vorzustellen, wie enorm diese Zahl ist, wollen wir sie mit einer mathematischen Größe des Universums vergleichen: Eine der kleinsten Einheiten im Universum ist das Atom. Das größte Objekt, das wir kennen, ist das Universum selbst. Die Zahl der Atome im Universum ist natürlich ungeheuer groß: 10^{100} (10 mit 100 Nullen). Die Zahl der Wechselverbindungen in *einem* Gehirn läßt sogar die Zahl der Atome im Universum als klein erscheinen! (Siehe Abb. 3 und 4.)

Kurz nach dem Erscheinen der ersten Ausgabe von *Use Your Head* stellte Dr. Pyotra Anokin von der Universität Moskau, der die letzten Jahre seines Lebens dem Studium der Kapazität des Gehirns in der Informationsverarbeitung gewidmet hatte, fest, daß die Zahl 10^{800} eine enorme Unterschätzung war. Die neue Zahl, die er kalkuliert hatte, war nach seiner Meinung infolge der relativen

```
10,000,000,000,000,000,000,000,000,000,000,000,000,
000,000,000,000,000,000,000,000,000,000,000,000,000
000,000,000,000,000,000,000
```

Abb. 3 **Die Zahl der Atome (eines der kleinsten Teilchen, die wir kennen) in dem uns bekannten Universum (dem größten Objekt, das wir kennen).**

```
10,000,000,000,000,000,000,000,000,000,000,000,000,
000,000,000,000,000,000,000,000,000,000,000,000,000,
000,000,000,000,000,000,000,000,000,000,000,000,000,
000,000,000,000,000,000,000,000,000,000,000,000,000,
000,000,000,000,000,000,000,000,000,000,000,000,000,
000,000,000,000,000,000,000,000,000,000,000,000,000,
000,000,000,000,000,000,000,000,000,000,000,000,000,
000,000,000,000,000,000,000,000,000,000,000,000,000,
000,000,000,000,000,000,000,000,000,000,000,000,000,
000,000,000,000,000,000,000,000,000,000,000,000,000,
000,000,000,000,000,000,000,000,000,000,000,000,000,
000,000,000,000,000,000,000,000,000,000,000,000,000,
000,000,000,000,000,000,000,000,000,000,000,000,000,
000,000,000,000,000,000,000,000,000,000,000,000,000,
000,000,000,000,000,000,000,000,000,000,000,000,000,
000,000,000,000,000,000,000,000,000,000,000,000,000,
000,000,000,000,000,000,000,000,000,000,000,000,000,
000,000,000,000,000,000,000,000,000,000,000,000,000,
000,000,000,000,000,000,000,000,000,000,000,000,000,
000,000
```

Abb. 4 **In den späten sechziger Jahren errechnete man, daß die Anzahl verschiedener Strukturen, die die 10 000 000 000 individueller Nervenzellen des Gehirns bilden können, 10^{800} (10 mit 800 Nullen) betrug. Neuere Schätzungen zeigen, daß auch diese Zahl noch zu niedrig gegriffen ist.**

Grobheit der uns zur Verfügung stehenden Meßinstrumente im Verhältnis zu der unglaublichen Feinheit des Gehirns eher vorsichtig bemessen. Nach seiner Kalkulation ist die Zahl der Strukturbildungsmöglichkeiten oder der »Freiheitsgrade« im Gehirn »so groß, daß man beim Niederschreiben in normalen Manuskriptziffern eine Linie von 10,5 Millionen Kilometer Länge benötigt! Mit einer solchen Zahl von Möglichkeiten ist das Gehirn eine Klaviatur, auf der Hunderte von Millionen verschiedener Melodien – Verhaltens- oder Intelligenzakte – gespielt werden können«.

Viele andere Beispiele für die Fähigkeiten des Geistes – Beispiele außerordentlicher Gedächtnisleistungen, ungewöhnlicher Kontrolle der körperlichen Funktionen, enormer Kraftleistungen, die sich über die »wissenschaftlichen Gesetze« hinwegzusetzen scheinen – wurden bekannt. Sie sind heute glücklicherweise gut dokumentiert, allgemein anerkannt und werden nutzbringend ausgewertet.

Trotz dieses ständig wachsenden Beweismaterials bleibt eine große Anzahl von Menschen skeptisch. Sie berufen sich darauf, daß die Leistung der meisten Menschen diesen Beweisen widerspricht. Um diesen Widerspruch zu klären, wurde an Menschen aus allen Lebensbereichen ein Fragebogen geschickt, um festzustellen, warum dieses wunderbare Organ so wenig genutzt wird. Die Fragen sind nachfolgend aufgeführt, und unter jeder Frage ist die Antwort vermerkt, die von wenigstens 95 Prozent der Befragten gegeben wurde. Geben Sie auch selbst Ihre Antwort zu den einzelnen Fragen.

● **Haben Sie in der Schule etwas über das Gehirn gelernt und darüber, wie das Verständnis seiner Funktionen das Lernen, Erinnern, Denken usw. unterstützen kann?**
Nein
● **Haben Sie etwas darüber gelernt, wie Ihr Gedächtnis funktioniert?**
Nein
● **Haben Sie etwas über spezielle moderne Gedächtnistechniken gelernt?**
Nein
● **Etwas darüber, wie Ihr Auge beim Lernen funktioniert und wie Sie dieses Wissen vorteilhaft nutzen können?**
Nein

Sonnensystem und Umgebung 1 480 000 000 000 km

Innere Planeten 1 480 000 000 km

Erde-Mond 1 480 000 km

Erde 12 757 km

22

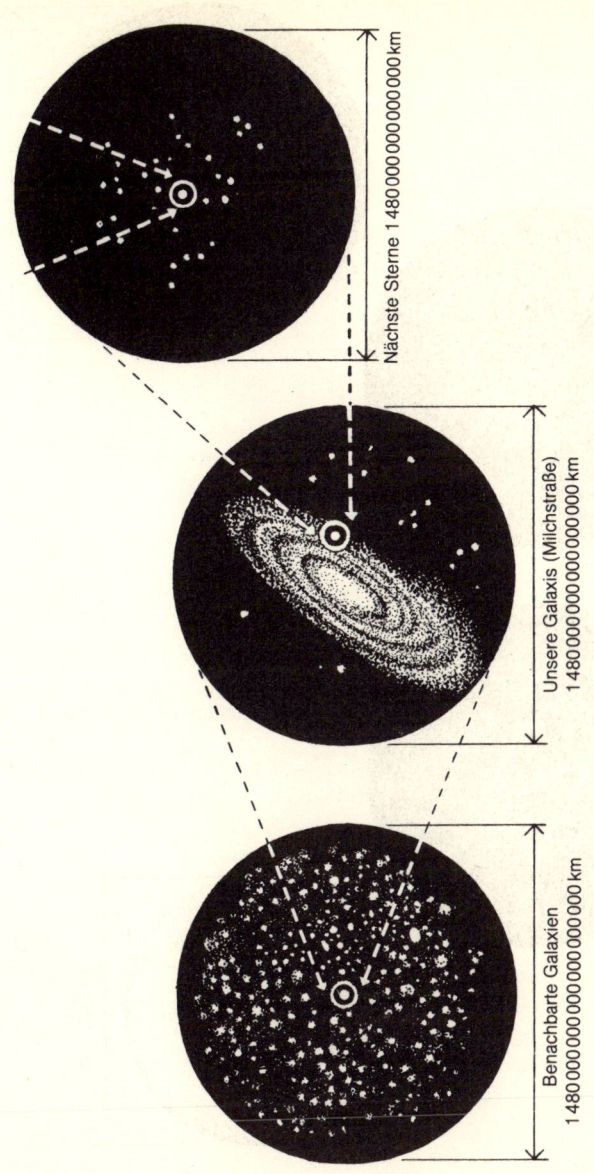

Nächste Sterne 1 480 000 000 000 000 km

Unsere Galaxis (Milchstraße) 1 480 000 000 000 000 000 000 000 km

Benachbarte Galaxien 1 480 000 000 000 000 000 000 000 000 000 000 km

Abb. 5 **Die gewaltige Größe des bekannten Universums. Jede folgende schwarze Kugel ist eintausendmillionenfach (1 000 000 000) so groß wie die vorhergehende.**

23

Abb. 6 **Das Atom – eine der kleinsten bekannten Einheiten. In der Fingerspitze eines Menschen gibt es viele Billionen Atome, im gesamten Universum 10^{100} (Zehn mit 100 Nullen).**

- **Etwas über die vielerlei Formen von Studientechniken und wie sie in den verschiedenen Disziplinen angewendet werden können?**
  Nein
- **Etwas über das Wesen der Konzentration und wie man sie im Bedarfsfall aktivieren kann?**
  Nein
- **Etwas über Motivation, wie sie Ihre Fähigkeiten beeinflußt und wie Sie sie vorteilhaft nutzen können?**
  Nein
- **Etwas über das Wesen von Schlüsselwörtern und Schlüsselbegriffen und welche Bedeutung sie für Aufzeichnungen, Vorstellungen usw. haben?**
  Nein
- **Etwas über das Denken?**
  Nein
- **Etwas über Kreativität?**
  Nein

Damit dürfte die Antwort auf den Ursprung der Einwendungen klar sein: Der wesentliche Grund, warum unsere Leistungen nicht einmal einem Minimum unseres Potentials entsprechen, liegt darin, daß wir keine Information besitzen über das, was wir sind oder wie wir unsere angeborenen Fähigkeiten am besten nutzbar machen können.

Eine ähnliche Erwiderung könnte man denen geben, die behaupten, daß IQ-Tests unsere »absolute Intelligenz« messen und daß sie deshalb richtig sein müssen.

24

Abgesehen von der Tatsache, daß eine IQ-Wertung schon durch ein kleines Maß gelenkter Anwendung wesentlich verändert werden kann, sprechen folgende Argumente gegen diese Tests:

Erstens wies das Berkeley Study on Creativity nach, daß eine Person mit hoher IQ-Bewertung nicht unbedingt zu unabhängigem Denken oder unabhängigem Handeln fähig ist; daß sie weder Sinn für Humor besitzen noch diesen zu schätzen wissen muß; keinen Sinn für Schönheit besitzen muß; nicht urteilsfähig, relativierend, aufgeschlossen für komplexe Zusammenhänge und Innovationen sein muß; nicht unbedingt originell, umfassend gebildet, redegewandt, flexibel oder scharfsinnig sein muß.

Zweitens haben diejenigen, die argumentieren, daß der IQ-Test einen weiten und absoluten Bereich menschlicher Fähigkeiten mißt, nicht berücksichtigt, daß der Test sich mit drei wichtigen Bereichen befassen müßte: 1. dem zu testenden Gehirn, 2. dem Test selbst, 3. dem Resultat. Leider sind die IQ-Protagonisten zu sehr auf den Test und die Ergebnisse fixiert und haben die Natur des zu testenden Gehirns vernachlässigt.

Sie haben nicht beachtet, daß ihre Tests nicht die elementare menschliche Fähigkeit testen, sondern untrainierte und unterentwickelte menschliche Leistung messen. Ihre Feststellungen könnte man mit denen eines imaginären Sachverständigen für die Größe weiblicher Füße im alten China vergleichen, als man das Wachstum der weiblichen Füße künstlich durch Bandagierung vom Säuglingsalter an behinderte, um »zarte« Füße zu gewinnen. Die absurde Annahme dieses Experten, daß seine Messungen natürliche und voll entwickelte Maße feststellten, entspräche der Absurdität der Annahme, daß Intelligenztests die natürlichen Dimensionen unseres Gehirns messen. Unsere geistigen Dimensionen sind ebenso »bandagiert« wie die Füße der chinesischen Frauen, da wir sie falsch trainiert haben und sie deshalb nicht natürlich entwickelt sind.

Ein anderes sehr überzeugendes Beispiel für die Vortrefflichkeit des menschlichen Gehirns ist sein Funktionieren und seine Entwicklung beim menschlichen Säugling. Der Säugling ist durchaus nicht dieses »hilflose und schwache kleine Ding«, für

das viele Menschen ihn halten; er ist vielmehr das außerordent-
lichste lernende und erinnernde und das intellektuell fortschritt-
lichste Wesen – sogar im frühesten Stadium seines Lebens übertrifft er die Leistung der höchstentwickelten Computer.

Mit sehr wenigen Ausnahmen lernen alle Babys das Sprechen,
wenn sie zwei Jahre alt sind, viele noch früher. Weil das ein so
universales Phänomen ist, nimmt man es als selbstverständlich
hin; aber wenn man den Prozeß näher untersucht, erkennt man,
wie äußerst kompliziert er ist.

Versuchen Sie einmal, einem Vortrag zuzuhören und sich
dabei vorzustellen, daß sie keine Kenntnis der Sprache haben
und sehr wenig von den Dingen und Ideen wissen, die zur
Debatte stehen. Nicht nur wird diese Aufgabe schwierig sein,
sondern wegen der Art und Weise, wie Laute ineinander übergehen, wird die Unterscheidung zwischen verschiedenen Wörtern
oft völlig unklar sein. Jedes Baby, das zu sprechen gelernt hat,
hat nicht nur *diese* Schwierigkeiten überwunden, sondern auch
das Problem gemeistert, auszusortieren, was Sinn macht und was
nicht. Wenn man an das infantile Kauderwelsch denkt, mit dem
die Erwachsenen ihm das Sprechen beibringen, dann kann man
sich nur wundern, wie es überhaupt fertigbringt, sich daraus eine
Sprache zu bilden.

Die Fähigkeit des Kleinkindes, die Sprache zu lernen, ist mit
Prozessen verknüpft, die eine subtile Kontrolle und ein inhären-
tes Verstehen von Rhythmus, Mathematik, Musik, Physik, Lin-
guistik, räumlichen Relationen, Gedächtnis, Interpretation,
Kreativität, logischem Urteil und Denken einschließen. Beide
Gehirnseiten wirken von Anfang an zusammen.

Der Leser, der immer noch an seinen Fähigkeiten zweifelt, hat
selbst das Sprechen und Lesen gelernt. Er sollte deshalb nicht
eine Position attackieren, für deren Verteidigung er selbst der
Beweis ist.

Es gibt wirklich keinen Zweifel, daß das Gehirn zu unendlich
komplexeren Leistungen fähig ist, als man früher angenommen
hat. Wir wollen in den weiteren Kapiteln dieses Buches eine
Anzahl von Bereichen daraufhin untersuchen, wie Leistung
gesteigert und Selbstverwirklichung erreicht werden kann.

Persönliche Notizen

Persönliche Notizen

2

Rationeller und schneller lesen

Überblick

- **Probleme des Lesens und Lernens**
- **Lesen und Lernen –
  Definition – Verfahrensweisen**
- **Falsche Auffassungen vom Lesen und
  Schnell-Lesen; wodurch sie entstehen**
- **Das Auge**
- **Wahrnehmung während des Lesens
  und Lernens**
- **Übungen zur Verbesserung von
  Verständnis und Geschwindigkeit**

Probleme des Lesens und Lernens

Notieren Sie *alle* Probleme, die Sie beim Lesen und Lernen haben. Legen Sie dabei einen strengen Maßstab an. Je besser sie zu definieren verstehen, um so eher werden Sie fähig sein, Ihre Leistung zu verbessern.

Notieren Sie hier Ihre eigene Definition des Wortes *Lesen.*

Lehrer haben in einer fünfjährigen Untersuchung festgestellt, daß in jeder ihrer Klassen dieselben allgemeinen Probleme des Lesens und Lernens bestehen. In der folgenden Liste sind die am häufigsten beobachteten Schwierigkeiten aufgeführt. Wir raten dem Leser, seine eigenen Aufzeichnungen mit der Liste zu vergleichen. Sie werden feststellen, daß Sie wahrscheinlich Ihre Liste um einige Punkte erweitern müssen.

Sehvermögen	Ermüdung	Erinnerung
Geschwindigkeit	Trägheit	Ungeduld
Verständnis	Langeweile	Wortschatz
Zeit	Interesse	Mehrfachbedeutung
Menge	Analyse	Typographie
Umgebung	Kritik	literarischer Stil
Aufzeichnung	Motivation	Auswahl
Merkfähigkeit	Beurteilung	·Aussonderung
Alter	Organisation	Konzentration
Angst	Rückgriff	Rücksprünge

Jedes der in der Tabelle aufgeführten Probleme ist schwerwiegend und kann für sich allein das Lesen und Lernen stark beeinträchtigen. Es ist das Ziel dieses Buches, Lösungen für alle diese Probleme zu finden. Das laufende Kapitel befaßt sich vor allem mit Sehvermögen, Geschwindigkeit, Verständnis, Zeit und Menge und dem Umfeld des Lernens.

Bevor wir uns den mehr physischen Aspekten des Lesens zuwenden, wollen wir zunächst den Begriff exakt definieren. Im Lichte dieser Definition werden wir dann zu erklären versuchen, warum diese weitgespannte Problematik ein so universales Phänomen ist.

Definition des Lesens

Man liest oft Definitionen wie »Aus einem Buch das entnehmen, was der Autor mitzuteilen beabsichtigt«, oder »Assimilierung des geschriebenen Wortes«. Der Begriff Lesen muß aber umfassender und exakter beschrieben werden. Wir wollen ihn hier wie folgt definieren: Lesen ist die totale Wechselbeziehung zwischen Individuum und symbolischer Information. Es ist der visuelle Aspekt des Lernens und umfaßt die folgenden sieben Schritte:

Erkennung
Die Kenntnis der alphabetischen Symbole. Dieser Schritt geht meist dem physischen Aspekt des Lesens voraus.

Assimilierung
Der physische Prozeß, durch welchen Licht vom geschriebenen Wort reflektiert und vom Auge empfangen wird und sodann über den Sehnerv an das Gehirn übermittelt wird.

Intra-Integration
Gleichbedeutend mit elementarem Verstehen. Sie bezieht sich auf die wechselseitige Verknüpfung aller Teile der Information.

Extra-Integration
Sie schließt Analyse, Kritik, Bewertung, Auswahl und Aussonderung ein. Der Prozeß, in dem der Leser der Gesamtheit seines bisherigen Wissens das neue Wissen aus dem Gelesenen hinzufügt und die angemessenen Verbindungen herstellt.

Behalten
Die Basisspeicherung von Information. Speicherung kann selbst ein Problem werden. Die meisten Leser werden die Examenserfahrung gemacht haben, daß der ganze gespeicherte Stoff nichts nutzt, wenn er nicht zur rechten Zeit verfügbar ist. Speicherung muß also immer von Abrufbereitschaft begleitet sein.

Erinnerung
Die Fähigkeit, das, was gebraucht wird, aus dem gespeicherten Wissen zurückzuholen, und zwar dann, wenn es benötigt wird.

Kommunikation
Die Verwendung, der die Information unmittelbar oder im Bedarfsfall zugeführt wird. Sie schließt den sehr wichtigen Unterbegriff des Denkens ein.

Die Definition berücksichtigt die meisten vorher genannten Probleme. Die einzigen Probleme, die außer Betracht bleiben, sind solche, die in gewissem Sinne »außerhalb« des Leseprozesses liegen – Umgebung, Alter usw.

Warum die Probleme existieren

Der Leser wird an dieser Stelle mit Recht fragen, warum so viele Menschen Leseprobleme haben.

Die Antwort liegt, neben der erwähnten Unwissenheit über unsere Gehirnfunktionen, in den elementaren Lehrmethoden für das Lesen. Die meisten meiner Leser, die älter als fünfundzwanzig Jahre sind, werden wahrscheinlich das Lesen nach der Buchstabier- und Lautiermethode gelernt haben. Andere werden es nach der Wortbildmethode gelernt haben.

In der einfachsten Art der Buchstabier- und Lautiermethode lernt das Kind zunächst das Alphabet, dann die verschiedenen Laute für jeden Buchstaben des Alphabets, anschließend die Verbindung von Lauten zu Silben und schließlich die Verbindung von Lautgruppen zu Wörtern. Von diesem Zeitpunkt an bekommt das Kind Bücher mit zunehmenden Schwierigkeitsgraden in die Hand, und es entwickelt seine eigene Lesegeschwindigkeit. Im Verlaufe dieses Prozesses wird es zum »schweigenden« Leser.

Die Wortbildmethode lehrt das Lesen anhand von Bildkarten.

Die Namen der gezeigten Gegenstände sind über die Bilder gesetzt. Sobald das Kind mit den Bildern und den zugehörigen Namen vertraut ist, werden die Bilder entfernt und nur die geschriebenen Wörter belassen. Wenn das Kind ein genügend großes Grundvokabular besitzt, wird das Lesen in ähnlicher Weise wie bei der vorgenannten Methode durch Bücher zunehmenden Schwierigkeitsgrades zum »schweigenden« Lesen weiterentwickelt.

Die beiden Methoden sind hier natürlich stark vereinfacht wiedergegeben. Es gibt in englischsprachigen Ländern mindestens fünfzig verschiedene Abwandlungen dieser beiden Methoden. Ähnlich sind die Probleme überall in der Welt.

Der entscheidende Mangel bei all diesen Methoden ist jedoch nicht, daß sie zur Erreichung ihres Ziels ungeeignet wären, sondern daß sie nicht in adäquater Weise das Lesen im vollen Umfang unserer Definition lehren.

Wenn wir die beschriebenen Methoden unter diesem Gesichtspunkt überprüfen, so stellen wir fest, daß sie nur das Stadium der Erkennung und in einem geringeren Maße die Stadien der Assimilierung und der Intra-Integration abdecken. Die Methoden lassen die Probleme von Geschwindigkeit, Zeit, Menge, Merkfähigkeit, Erinnerung, Auswahl, Aussonderung, Aufzeichnung, Konzentration, Bewertung, Kritik, Analyse, Organisation, Motivation, Interesse, Langeweile, Umgebung, Ermüdung, Typographie usw. völlig außer Betracht.

Man wird daher leicht begreifen, daß die weite Verbreitung dieser Probleme in diesem Mangel begründet ist.

Erkennung wird bemerkenswerterweise kaum jemals als Problem erwähnt, denn es wird in den ersten Schuljahren adäquat gelehrt. Alle anderen Probleme werden genannt, denn sie finden während des Lernprozesses keine oder nur geringe Beachtung.

Spätere Kapitel werden sich mit den meisten dieser Probleme befassen. Der Rest dieses Kapitels soll der Augenbewegung, dem Verstehen und der Lesegeschwindigkeit gewidmet sein.

Die Augenbewegungen beim Lesen

Die meisten Menschen, die man auffordert, mit dem Zeigefinger die Bewegung und Geschwindigkeit der Augen beim Lesen darzustellen, werden mit einer gleichmäßigen Bewegung von links nach rechts fahren und mit einem schnellen Sprung vom Ende einer Zeile zum Anfang der nächsten übergehen. Für jede Zeile brauchen sie normalerweise eine Viertelsekunde bis eine Sekunde.

Zwei Momente werden hier falsch eingeschätzt: die Bewegung und die Geschwindigkeit. Selbst wenn das Auge sich nur mit einer Geschwindigkeit von einer Zeile pro Sekunde bewegte, würde damit ein Tempo von 600 bis 700 Wörtern pro Minute (wpm) erreicht. Da die durchschnittliche Lesegeschwindigkeit bei leichtem Text 250 wpm beträgt, kann man unschwer erken-

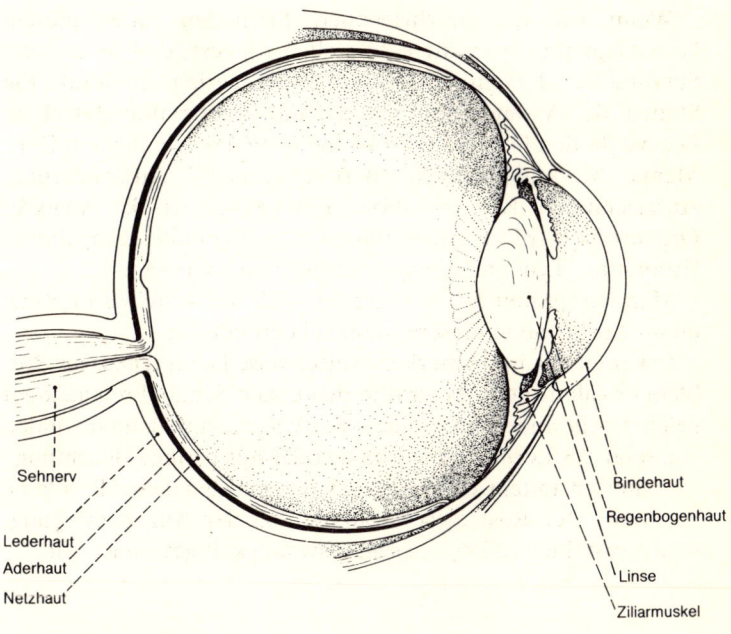

Abb. 7 **Unser Auge**

35

nen, daß selbst die geringste von den Testpersonen angenommene Geschwindigkeit weit überhöht ist.

Wenn die Augen in der oben gezeigten gleichmäßigen Bewegung über die Schriftzeile glitten, würden sie nicht in der Lage sein, irgend etwas aufzunehmen; denn das Auge kann Dinge nur deutlich wahrnehmen, wenn es sie »stillstehen« lassen kann. Wenn ein Gegenstand stillsteht, muß auch das Auge stillstehen, um ihn wahrnehmen zu können. Wenn ein Gegenstand sich bewegt, muß das Auge sich mit dem Gegenstand bewegen, um ihn zu sehen. Ein einfaches Experiment wird Ihnen das bestätigen. Halten Sie einen Zeigefinger bewegungslos vor die Augen und schauen Sie ihn an. Sie werden fühlen, daß Ihre Augen stillstehen. Dann bewegen Sie den Finger nach oben, unten, seitwärts und im Kreis, und folgen Sie ihm mit den Augen. Schließlich bewegen Sie den Finger nach oben, unten, seitwärts und im Kreis, und halten Sie dabei die Augen still. Wenn Gegenstände sich bewegen, müssen sich die Augen mitbewegen, um sie klar zu erkennen.

Wenn man diese Beobachtungen auf das Lesen bezieht, wird deutlich, daß zur Wahrnehmung stillstehender Wörter die Augen bei jedem Wort innehalten müssen, bevor sie zum nächsten Wort überspringen. Statt in gleichmäßigen Linien, wie in Abb. 8 gezeigt, bewegen sich die Augen in einer Folge von Stillständen und raschen Sprüngen.

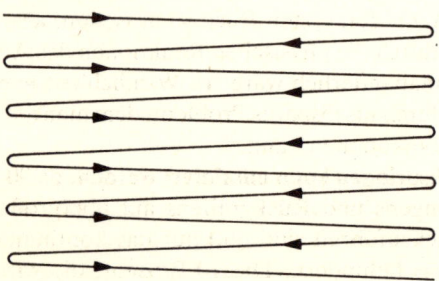

Abb. 8 **Geschätzte Augenbewegung beim Lesen durch einen Menschen, der keine Kenntnis von Augenbewegungen hat. Für jede Zeile wird nach seiner Vorstellung weniger als eine Sekunde benötigt.**

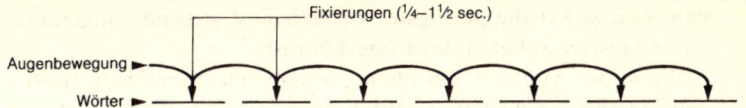

Abb. 9 **Diagramm der Stopp- und Startbewegung während des Lesevorgangs.**

Die Sprünge selbst gehen so schnell vor sich, daß sie kaum Zeit in Anspruch nehmen, aber die Fixierungen können von ¼ bis 1½ Sekunden dauern. Ein Mensch, der normalerweise jeweils ein Wort beim Lesen aufnimmt – und dabei häufiger auf Wörter und Buchstaben zurückspringt –, wird schon nach einfachen arithmetischen Regeln auf Lesegeschwindigkeiten unter 100 wpm kommen. Er wird zudem bei dieser Methode nicht viel von dem verstehen, was er liest, und er wird nicht in der Lage sein, ein großes Lesepensum zu bewältigen.

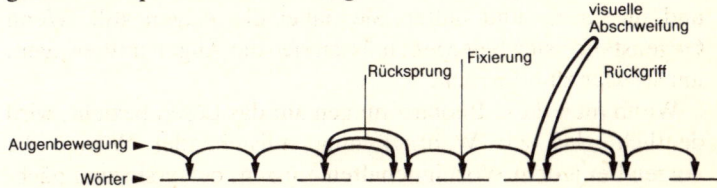

Abb. 10 **Diagramm, das die schlechten Lesegewohnheiten langsamer Leser zeigt: Lesen jeweils eines Wortes, mit unbewußten Rücksprüngen, visuellem Abschweifen und bewußten Rückgriffen.**

Es könnte auf den ersten Blick so aussehen, als ob das langsame Lesen durch die physischen Reaktionen des Auges bedingt und damit unabänderlich wäre. In Wirklichkeit handelt es sich hier um ein durchaus lösbares Problem, dem man auf verschiedenen Wegen beikommen kann.

1. **Das Rückspringen kann eliminiert werden,** da 90 Prozent des Rückspringens und Rückgreifens auf übergroße Ängstlichkeit zurückzuführen sind und nur das kontinuierliche Textverständnis behindern. Die 10 Prozent, die wirklich unverstanden bleiben, kann man zunächst einfach übergehen. Wir kommen darauf im Kapitel über die Organische Studienmethode zurück.

2. **Die Zeit für jede Fixierung kann bis in die Nähe des Minimums von ¼ Sekunde reduziert werden** – der Leser braucht nicht zu befürchten, daß diese Spanne zu kurz ist; denn sein Auge ist fähig, fünf Wörter in einer Hundertstelsekunde zu registrieren.
3. **Der Fixierungsbereich kann auf drei bis fünf Wörter ausgedehnt werden.**

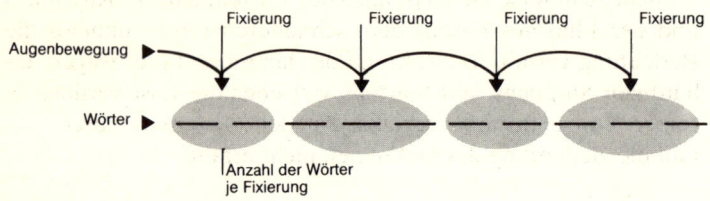

Abb. 11 **Diagramm der Augenbewegungen eines geübteren und rationelleren Lesers. Es werden mehrere Wörter bei jeder Fixierung aufgenommen, und Rückspringen, Rückgreifen und visuelles Abschweifen sind reduziert.**

Diese Lösung könnte zunächst unmöglich erscheinen, wenn es nämlich stimmte, daß der Verstand nur ein Wort nach dem anderen verarbeiten kann. In Wirklichkeit kann er ebenso gut Wortgruppen erfassen, was in fast allen Fällen besser ist: Wenn wir einen Satz lesen, lesen wir ihn nicht auf die individuelle Bedeutung jedes einzelnen Wortes, sondern auf die Bedeutung der Gesamtaussage hin, in die die Wörter integriert sind.

Wenn Sie zum Beispiel lesen:

Die   Katze
        saß   auf   der
              Straße,

dann ist das schwieriger, als wenn Sie sinngemäß lesen:

Die Katze saß auf der Straße.

Der langsame Leser hat mehr geistige Arbeit zu leisten als der schnellere, flüssigere Leser, weil er die Bedeutung jedes Wortes zur Bedeutung jedes folgenden Wortes addieren muß. In dem genannten Beispiel führt das zu fünf Additionen. Der rationellere Leser, der Bedeutungseinheiten absorbiert, braucht nur eine einfache Addition.

Ein anderer Vorteil für den schnelleren Leser besteht darin, daß seine Augen weniger physische Arbeit zum Lesen einer Textstelle aufwenden müssen. Statt etwa 500 eng gebündelte Fixierungen pro Seite bewältigen zu müssen, wie das beim langsamen Leser der Fall ist, braucht er nur etwa 100 Fixierungen, die dazu weniger muskelermüdend sind, weil die Abstände größer sind.

Nicht zu unterschätzen ist auch der Vorteil, daß der Rhythmus und der Fluß des Lesens dem schnelleren Leser mühelos die Bedeutung vermitteln, während der langsame Leser wegen des häufigen Stoppens und Startens viel eher die Lust verliert, in seiner Konzentration nachläßt, mit den Gedanken abschweift und die Bedeutung des Gelesenen nicht erfaßt.

Aus all dem kann geschlossen werden, daß die verbreiteten Vorurteile gegen schnelleres Lesen falsch sind:

1. **Wörter müssen eines nach dem anderen gelesen werden:** *Falsch.*
   Weil wir Wortgruppen fixieren können und weil wir nach Bedeutung einer Aussage und nicht eines einzelnen Wortes lesen.

2. **Schneller als 500 wpm zu lesen ist unmöglich:** *Falsch.*
   Da wir bis zu sechs Wörter pro Fixierung aufnehmen und da wir vier Fixierungen in der Sekunde machen können, sind Geschwindigkeiten von 1000 wpm durchaus erreichbar.

3. **Der schnellere Leser ist nicht fähig, das Gelesene voll zu begreifen:** *Falsch.*
   Weil der schnellere Leser den Sinn des Gelesenen besser versteht, weil er sich stärker auf die Materie konzentrieren kann und weil er erheblich mehr Zeit hat, Abschnitte, die ihn interessieren und die ihm wichtig erscheinen, noch einmal durchzugehen.

4. **Höhere Geschwindigkeiten beeinträchtigen die Konzentration:** *Falsch.*
   Denn je schneller wir vorankommen, um so besser ist die Motivation, und um so stärker konzentrieren wir uns.

5. Durchschnittliche Lesegeschwindigkeiten sind natürlich und daher am besten: *Falsch.*

Weil durchschnittliche Lesegeschwindigkeiten nicht natürlich sind. Sie werden durch ein unvollständiges Lesetraining in der Schule erzeugt, kombiniert mit einem unzureichenden Wissen, wie Auge und Gehirn bei den verschiedenen möglichen Geschwindigkeiten funktionieren.

Spezielle moderne Lesetechniken

Neben diesen allgemeinen Ratschlägen werden manche Leser die folgenden speziellen Informationen vorteilhaft nutzen können, die im allgemeinen unter der Anleitung eines qualifizierten Lehrers praktiziert werden:

1. Visuelle Hilfen

Wenn Kinder lesen lernen, verfolgen sie oft mit dem Finger die Wörter, die sie lesen. Die Pädagogen haben uns gesagt, das sei ein Fehler, und wir haben die Kinder angehalten, die Finger nicht als Lesehilfe zu benutzen. Heute ist man darüber anderer Meinung. Statt den Kindern diese Lesehilfe zu verbieten, sollten wir sie anhalten, ihre Finger schneller zu bewegen. Es ist offensichtlich, daß die Hand die Augenbewegung nicht verlangsamt, und die zusätzlichen Vorteile, die diese Hilfe zur Erlangung einer flüssigen, rhythmischen Lesemethode bietet, sind erheblich.

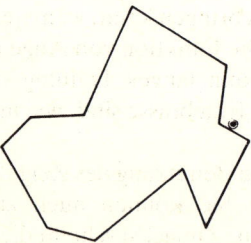

Abb. 12 **Muster einer nicht unterstützten Augenbewegung, die dem Umfang eines Kreises zu folgen versucht.**

40

Um den Unterschied zwischen der unterstützten und der nicht unterstützten Augenbewegung beobachten zu können, sollten Sie einen Freund bitten, sich einen imaginären weiten Kreis direkt vor seinen Füßen vorzustellen und dann langsam und sorgfältig mit dem Auge den Kreisumfang zu verfolgen. Sie werden feststellen, daß seine Augen sich nicht in einem vollkommenen Kreis bewegen, sondern einem Muster folgen, das eher einem arthritischen Rechteck gleicht.

Als nächstes beschreiben Sie mit einem Finger in einer gleichmäßigen Bewegung einen Kreis in der Luft und bitten Ihren Freund, mit den Augen Ihrer Fingerspitze zu folgen. Sie werden feststellen, daß seine Augen fast exakt der Bewegung folgen und einen Kreisumfang nachzeichnen, wie er in der folgenden Abbildung gezeigt wird.

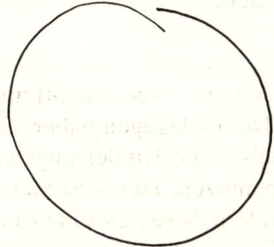

Abb. 13 **Muster einer unterstützten Augenbewegung, die dem Umfang eines Kreises folgt.**

Dieses einfache Experiment zeigt auch, welche enorme Leistungsverbesserung es bringen kann, wenn jemand Grundkenntnisse über die physische Funktion von Auge und Gehirn besitzt. In vielen Fällen ist kein langes Training oder anstrengendes Üben notwendig. Die Ergebnisse sind, wie in diesem Fall, sofort greifbar.

Sie sind nicht auf die Benutzung des Zeigefingers als Lesehilfe angewiesen, sondern Sie können auch zum Beispiel einen Schreibstift verwenden. Zunächst scheint die visuelle Unterstützung die Lesegeschwindigkeit zu verlangsamen. Der Grund ist, daß wir alle, wie früher erwähnt, uns einbilden, schneller zu lesen, als wir das wirklich tun. Aber die Geschwindigkeit des unterstützten Lesens ist tatsächlich größer.

2. Erweiterter Fokus

In Verbindung mit visuellen Hilfen kann der Leser üben, mehr als eine Zeile gleichzeitig aufzunehmen. Das ist physisch nicht unmöglich und ist besonders beim Lesen leichter Stoffe oder zum Überfliegen und Einlesen nützlich; es wird auch die normale Lesegeschwindigkeit verbessern. Es ist sehr wichtig, immer eine Lesehilfe bei dieser Art des Lesens zu benutzen, da sonst das Auge dazu neigen wird, verhältnismäßig planlos und ungezielt über die Seite zu wandern. Verschiedene Modelle der Anwendung von Lesehilfen sollten dabei erprobt werden, etwa diagonale, kurvenförmige und geradlinig von oben nach unten verlaufende Bewegungen.

3. Wahrnehmung bei hoher Geschwindigkeit

Diese Übung besteht darin, Buchseiten so schnell wie möglich umzublättern und dabei zu versuchen, so viele Wörter pro Seite wie möglich zu erkennen. Sie werden damit Ihre Fähigkeit erhöhen, große Wortgruppen bei jeder Fixierung aufzunehmen, die Übung wird sich auf Überfliege- und Einlesetechniken günstig auswirken, und sie wird Ihren Geist für raschere und rationellere Lesepraktiken konditionieren. Die Hochgeschwindigkeitsanpassung könnte man etwa mit dem Fahren auf der Autobahn bei einer Geschwindigkeit von cirka 150 Stundenkilometern vergleichen. Stellen Sie sich vor, Sie sind eine Stunde lang mit einer solchen Geschwindigkeit gefahren, und plötzlich kommen Sie an ein Verkehrsschild, das eine Geschwindigkeitsbegrenzung auf 50 km/std vorschreibt. Auf welches Tempo würden Sie verlangsamen, wenn jemand Ihren Tachometer zudeckte und Sie ohne dieses Vergleichsinstrument auf eine Geschwindigkeit von 50 km/std heruntergehen sollten. Die Antwort würde sein: 85–100 Stundenkilometer.

Der Grund liegt darin, daß Ihre geistige Kondition sich einer viel höheren Geschwindigkeit angepaßt hat, die dadurch »normal« wird. Frühere »Normalitäten« sind mehr oder weniger

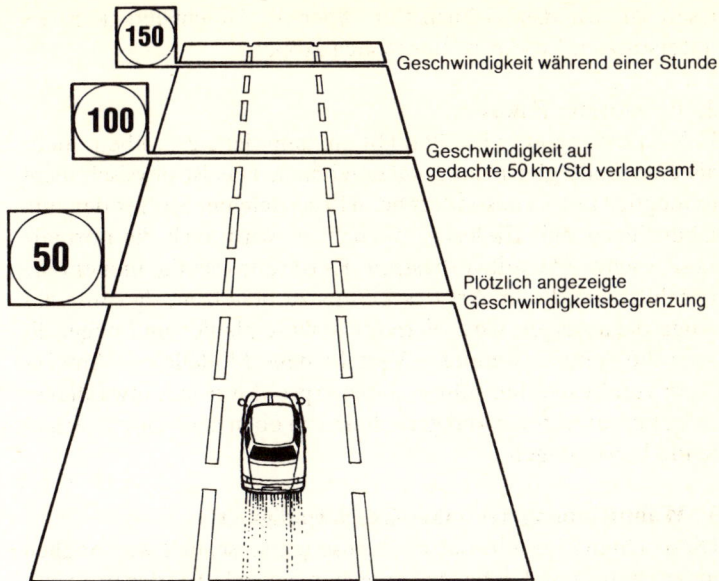

Geschwindigkeit während einer Stunde

Geschwindigkeit auf
gedachte 50 km/Std verlangsamt

Plötzlich angezeigte
Geschwindigkeitsbegrenzung

Abb. 14 **Die Abbildung zeigt, wie der Geist sich an Geschwindigkeit und Bewegung »gewöhnt«. Dieselbe Art relativistischer »Fehlurteile« kann vorteilhaft zu besserem Lernen genutzt werden.**

vergessen. Das gilt analog auch für das Lesen, und nach einem Hochgeschwindigkeitstraining werden Sie oft feststellen können, daß Sie mit der doppelten Geschwindigkeit lesen, ohne den Unterschied auch nur zu bemerken.

Motivierungspraktiken

Die meisten Menschen lesen im allgemeinen langsam, fast träge, eine Tatsache, die sich viele Schnell-Lese-Kurse zunutze gemacht haben. Den Kursteilnehmern werden verschiedene Übungen aufgetragen, und man suggeriert ihnen, daß nach jeder Übung ihre Geschwindigkeit um 10–20 wpm steigen wird. Und das ist

43

tatsächlich der Fall, oft sogar um bis zu 100 Prozent während der Dauer des Lehrgangs. Die Steigerung ist jedoch nicht den Übungen zu verdanken, sondern auf die Tatsache zurückzuführen, daß die Motivation des Lernenden durch die schrittweisen Erfolge erhöht wird.

Die gleichen erheblichen Fortschritte könnte man dadurch erreichen, daß man jedem Teilnehmer bei Beginn des Lehrgangs eine verlockende Prämie garantiert. Die Leistung würde sofort auf den Stand hochschnellen, der normalerweise am Ende solcher Lehrgänge erreicht wird. Der Grund ist letztlich derselbe, aus dem ein unsportlicher Junge plötzlich einhundert Meter in zehn Sekunden rennt und einen Zaun von 1,80 Meter Höhe überspringt, weil er von einem Stier verfolgt wird.

In all diesen Fällen ist Motivation der Hauptfaktor. Der Leser wird enorm profitieren, wenn er diesen Faktor bewußt auf jeden Lernprozeß anwendet. Wenn jemand die gut motivierte Entscheidung trifft, seine Leistung zu verbessern, dann wird er automatisch eine höhere Leistung erbringen.

Metronom-Training

Ein Metronom, das gewöhnlich als Taktmesser für musikalischen Rhythmus verwendet wird, kann sehr nützlich sowohl zur allgemeinen Verbesserung der Lesegeschwindigkeit als auch für Übungen im Hochgeschwindigkeitslesen eingesetzt werden. Wenn Sie es auf eine angemesene Geschwindigkeit einstellen, kann jeder Schlag eine Bewegung Ihrer Lesehilfe anzeigen. Auf diese Weise wird ein stetiger und flüssiger Rhythmus erreicht, und die übliche Verlangsamung, die normalerweise nach einer gewissen Zeit eintritt, kann vermieden werden. Wenn Sie den Ihnen zusagenden Rhythmus gefunden haben, können Sie Ihre Lesegeschwindigkeit verbessern, indem Sie von Zeit zu Zeit einen zusätzlichen Schlag pro Minute einstellen.

Das Metronom kann auch benutzt werden, um das Hochgeschwindigkeitslesen zu verbessern, indem Sie mit langsameren

Schritten beginnen und kontinuierlich bis zu extrem schnellen Schritten beschleunigen, wobei mit jedem Schlag eine Buchseite angeschaut wird.

Die Informationen über Augenbewegungen, visuelle Hilfen und fortschrittliche Lesetechniken sollten Sie auf alle Lesesituationen anwenden. Sie werden feststellen, daß diese Techniken noch mehr Nutzen bringen, wenn sie in Verbindung mit Informationen und Techniken aus anderen Kapiteln angewendet werden, besonders aus den letzten drei Kapiteln über die Organische Studienmethode.

Am Ende dieses Kapitels finden Sie eine Reihe von Übungsaufgaben zu diesen Lesetechniken. Sie sollten mehrmals täglich 5 bis 20 Minuten lang üben, nach Möglichkeit jeweils vor Beginn einer Lese- oder Lernperiode. Während der ersten Woche können Sie bis zu einer halben Stunde täglich üben. Wenn Sie genügend Praxis erworben haben, brauchen Sie die Übungen nur zu wiederholen, wenn Sie das Gefühl haben, daß eine Überprüfung notwendig ist.

Die Formel für die Errechnung der Lesegeschwindigkeit in wpm lautet:

$$\text{wpm (Geschwindigkeit)} = \frac{\text{Seitenzahl} \times \text{Wörter je Seite}}{\text{Zahl der Leseminuten}}$$

Übungen

Nach jeder wpm-Errechnung tragen Sie die entsprechende Zahl in das Leer-Diagramm auf Seite 46 ein.

1. Üben Sie Augenbewegungen über eine Buchseite. Halten Sie das Buch zunächst horizontal, später vertikal, und bewegen Sie die Augen diagonal von oben links nach unten rechts, dann von oben rechts nach unten links. Erhöhen Sie die Geschwindigkeit schrittweise von Tag zu Tag. Ziel der Übung: die Augen zu genauerem und unabhängigerem Funktionieren zu trainieren.

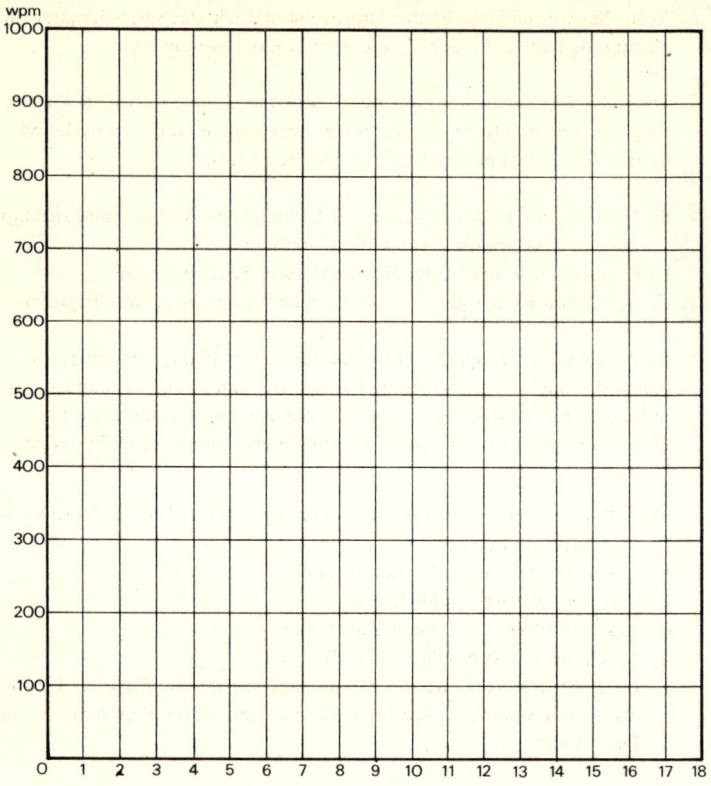

Die Felder dieses Diagramms dürften bald ganz ausgefüllt sein. Fertigen Sie sich dann selbst weitere Muster an, und legen Sie sie in das Buch.

2. Lesen Sie normal fünf Minuten lang in einem Buch, das Sie auch später zur Verfügung haben. Tragen Sie die wpm in das Diagramm ein.

3. Üben Sie, 100 Buchseiten mit einer Geschwindigkeit von etwa 2 Sekunden pro Seite umzublättern und dabei die Augen rasch von oben nach unten über jede Seite zu bewegen (2 × 2 Minuten lang).

4. a) Lesen Sie mit größtmöglicher Geschwindigkeit 1 Minute, ohne sich um das Textverständnis besonders zu bemühen.
   b) Lesen Sie 1 Minute lang mit motiviertem Textverständnis.
   c) Errechnen Sie die jeweilige wpm und notieren Sie sie im Diagramm.

5. Benutzen Sie ein Buch (leichter Lesestoff) Ihrer Wahl, nach Möglichkeit eines, das Sie interessiert. Bemühen Sie sich um soviel Verständnis wie möglich; aber denken Sie daran, daß der Zweck der Übung primär die Geschwindigkeit ist. Jede folgende Übung beginnt an der letzterreichten Stelle.
   a) Lesen Sie 1 Minute lang 100 wpm schneller, als Ihre höchste Normalgeschwindigkeit beträgt.
   b) Lesen Sie 100 wpm schneller als bei a).
   c) Lesen Sie 100 wpm schneller als bei b).
   d) Lesen Sie 100 wpm schneller als bei c).
   e) Lesen Sie 100 wpm schneller als bei d).
   f) Lesen Sie mit Verständnis 1 Minute lang von der am Ende der Übung erreichten Stelle an. Errechnen Sie die wpm, und notieren Sie sie im Diagramm.

6. Hochgeschwindigkeitsübung 1
   a) Benutzen Sie ein leicht lesbares Buch. Beginnen Sie am Anfang eines Kapitels.
   b) Lesen Sie mit Sehhilfe in Sprüngen von drei Zeilen, mit einem *Minimum* von 2000 wpm. Dauer 5 Minuten.
   c) Lesen Sie bis zu dieser Stelle in 4 Minuten.
   d) Lesen Sie bis zu dieser Stelle in 3 Minuten.
   e) Lesen Sie bis zu dieser Stelle in 2 Minuten.
   f) Lesen Sie von dieser Stelle weiter mit demselben Textverständnis wie bei der Dauer von 5 Minuten.
   g) Lesen Sie mit normalem Textverständnis 1 Minute lang. Notieren Sie die wpm im Diagramm.

47

7. Hochgeschwindigkeitsübung 2

a) Benutzen Sie ein leicht lesbares Buch. Beginnen Sie am Anfang eines Kapitels.
b) Überfliegen Sie den Text, 4 Sekunden pro Seite, mit visueller Sehhilfe, 1 Minute lang.
c) Lesen Sie von Anfang an mit einer Minimalgeschwindigkeit von 2000 wpm, 5 Minuten lang.
d) Wiederholen Sie diese Übung.
e) Wie 6 g).

Persönliche Notizen

Persönliche Notizen

3

Gedächtnis

Überblick

- **Gedächtnistests**
- **Erinnern während einer Lernperiode**
- **Erinnern nach einer Lernperiode**
- **Wiederholen: Techniken und Theorie**
- **Gehirn und Alter**
- **Memoriersysteme – die in der Antike
  von den Griechen angewandten Techniken,
  mit denen noch heute Gedächtniskünstler
  ihr Publikum verblüffen**

Test 1

Im Anschluß an diese Anweisungen finden Sie eine Liste von Wörtern. Lesen Sie jedes Wort dieser Liste einmal, schnell und in der gegebenen Reihenfolge. Dann blättern Sie weiter zu Seite 58, und tragen Sie so viele Wörter ein wie möglich. Sie werden sich nicht an alle Wörter erinnern; versuchen Sie einfach, sich möglichst viele zu merken. Lesen Sie die vollständige Liste, ein Wort nach dem anderen. Zur Unterstützung benutzen Sie eine kleine Karte oder eine andere Sehhilfe, die Sie von Wort zu Wort weiterschieben.

Beginnen Sie jetzt

ging
der
Buch
Arbeit
und
gut
und
Start
von
der
spät
weiß
und
Papier
Mohammed Ali
Licht
von
Können
der
eigen
Treppe
notieren
und
ritt
wird
Zeit
Heim

Blättern Sie jetzt weiter zu Seite 58, und tragen Sie unter 1. so viele Wörter ein wie möglich. Dann beantworten Sie die Fragen 2 bis 6.

Test 2

Auf Seite 59 finden Sie ein Leer-Diagramm. Zeichnen Sie durch eine Linie Ihr Erinnerungsverhalten während einer Lernperiode ein. Die vertikale Linie links bezeichnet den Anfangspunkt, die vertikale Linie rechts den Endpunkt der Lernperiode. Die horizontale Grundlinie zeigt an, daß Sie nichts behalten haben (völliges Vergessen), die oberste Linie zeigt die vollkommene Erinnerung an.

Es folgen jetzt Beispiele solcher Diagramme, die von drei verschiedenen Personen ausgefüllt worden sind.

Die Diagramme weisen keinen Wert über 75 Prozent aus, denn im allgemeinen erreicht man beim Standardlernen kein hundertprozentiges Verständnis oder Erinnern.

Es gibt natürlich viele weitere Möglichkeiten. Blättern Sie also zu Seite 59 weiter, und tragen Sie in das Leer-Diagramm Ihre Beurteilung Ihrer persönlichen Gedächtnisleistung ein.

Abb. 15 **Drei Diagramme, die Beispiele für das Erinnern während einer Lernperiode zeigen.**

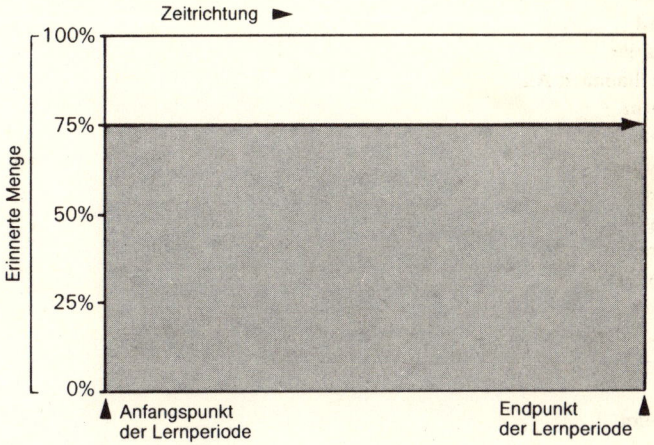

A glaubt, daß seine Erinnerung an die neue, verstandene Information während der Lernperiode konstant blieb.

53

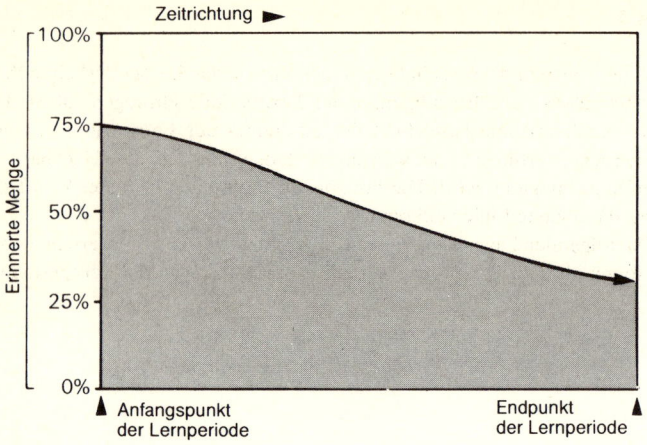

B glaubt, daß er sich an mehr Dinge vom Anfang und weniger Dinge vom Ende einer Lernperiode erinnert.

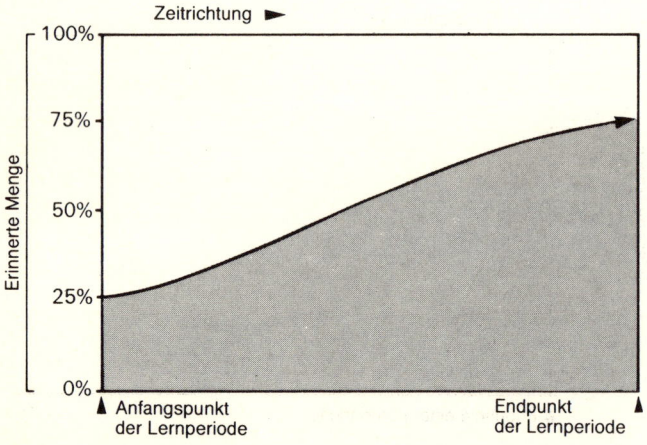

C glaubt, daß er sich an weniger Dinge vom Anfang und mehr Dinge vom Ende einer Lernperiode erinnert.

Test 3

Auf Seite 60 befindet sich ein Leer-Diagramm, in das Sie das Verhalten Ihres Gedächtnisses *nach* Beendigung einer Lernperiode eintragen sollen. Die linke vertikale Linie bezeichnet den Endpunkt der Lernperiode. Es gibt keine rechte vertikale Linie, weil angenommen wird, daß das »Nachher« ein paar Jahre anhalten wird! Die horizontale Grundlinie bedeutet kein Erinnern, die oberste Linie vollkommenes Erinnern.

Die folgenden Diagramme zeigen die Schätzungen von drei verschiedenen Personen über ihr Erinnerungsverhalten nach Abschluß der Lernperiode.

Abb. 16 **Drei Diagramme, die Beispiele für das Erinnern nach Abschluß einer Lernperiode zeigen.**

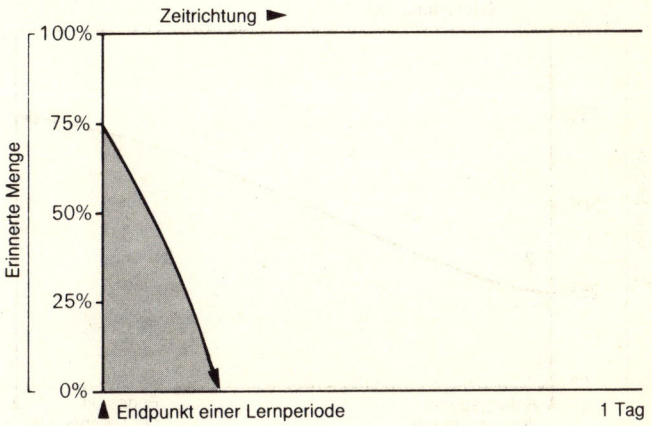

A glaubt, fast alles in sehr kurzer Zeit vergessen zu haben.

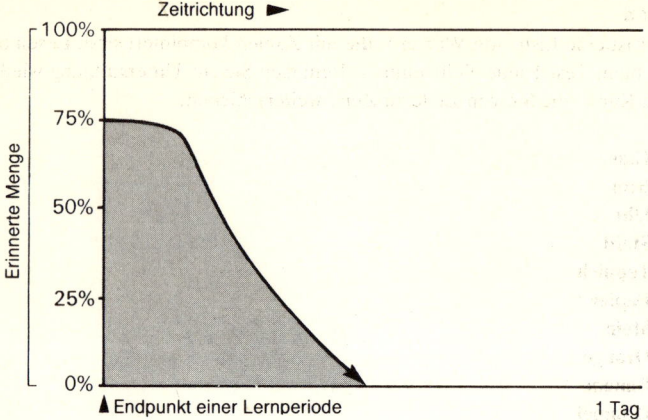

B glaubt, daß seine Erinnerung über einen kurzen Zeitraum konstant blieb und dann sehr steil abfiel.

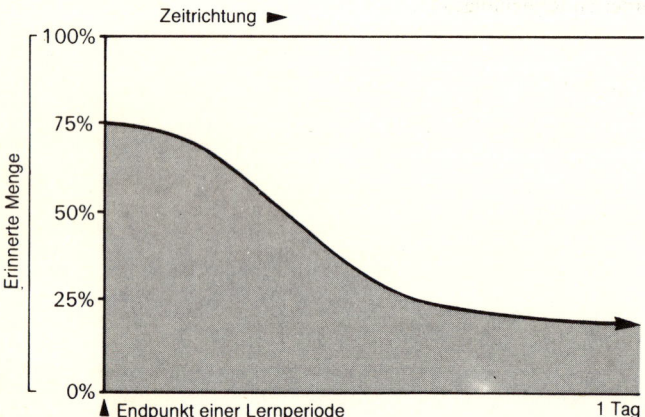

C glaubt, daß seine Erinnerung über einen kurzen Zeitraum konstant blieb und dann langsamer abfiel, um sich schließlich auf einem bestimmten Punkt zu stabilisieren.

Wie beim Test 2 gibt es viele weitere Möglichkeiten, blättern Sie also zu Seite 60 weiter, und tragen Sie in das Leer-Diagramm möglichst exakt Ihre Beurteilung Ihres normalen Erinnerungsverhaltens ein. Gehen Sie davon aus, daß sich nach Abschluß der Lernperiode nichts ereignet hat, was Sie an die erlernte Information erinnert.

56

Test 4

Hier ist eine Liste von Wörtern, die mit Zahlen kombiniert sind. Lesen Sie wie beim Test 1 jede Zeile einmal. Benutzen Sie zur Unterstützung wieder eine Karte, die Sie von Zeile zu Zeile weiterschieben:

 4 Glas
 9 Brei
 1 Uhr
 6 Stuhl
10 Teppich
 5 Papier
 8 Stein
 3 Orange
 7 Banane
 2 Himmel

Blättern Sie jetzt zu Seite 60 weiter, und tragen Sie die Antworten in der geforderten Reihenfolge ein.

Antworten auf die Tests und weitere Fragen

Test 1: Antworten

Bei der Beantwortung der Fragen sollen Sie nicht die Originalliste anschauen.

1. Tragen Sie – in der richtigen Reihenfolge – so viele Wörter ein wie möglich.

2. An wie viele Wörter vom Beginn der Liste an erinnerten Sie sich, bevor Sie den ersten Fehler machten?

3. Erinnern Sie sich an irgendwelche Wörter, die mehr als einmal in der Liste genannt wurden? Wenn ja, tragen Sie sie hier ein.

4. An wie viele der letzten fünf Wörter erinnern Sie sich?

58

5. Erinnern Sie sich an irgendein Wort aus der Liste, das sich erheblich von den anderen Wörtern unterschied?

_____

6. An wie viele Wörter aus dem Mittelteil der Liste erinnern Sie sich, die Sie nicht bereits bei der Beantwortung früherer Fragen notiert haben?

_____

_____

_____

_____

Test 2: Antworten

Zeichnen Sie, wie in den Beispielen der Abb. 15 gezeigt, die Linie ein, die Ihre Erinnerung *während* einer Lernperiode darstellt.

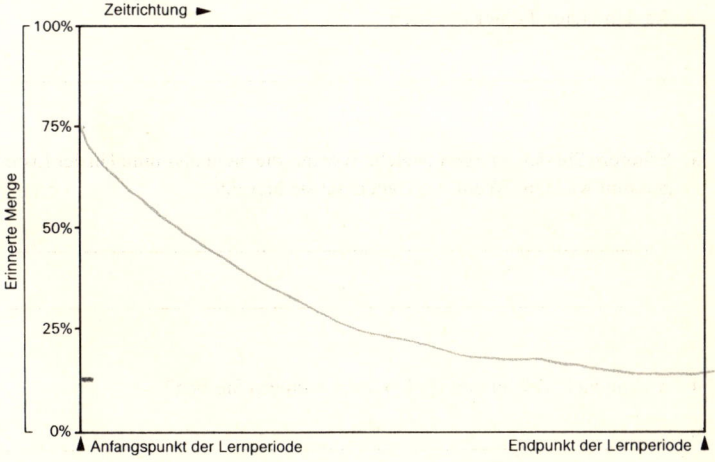

59

Test 3: Antworten

Zeichnen Sie in das folgende Leer-Diagramm die Linie ein, die nach Ihrer Beurteilung Ihr persönliches Erinnerungsverhalten nach Abschluß einer Lernperiode darstellt.

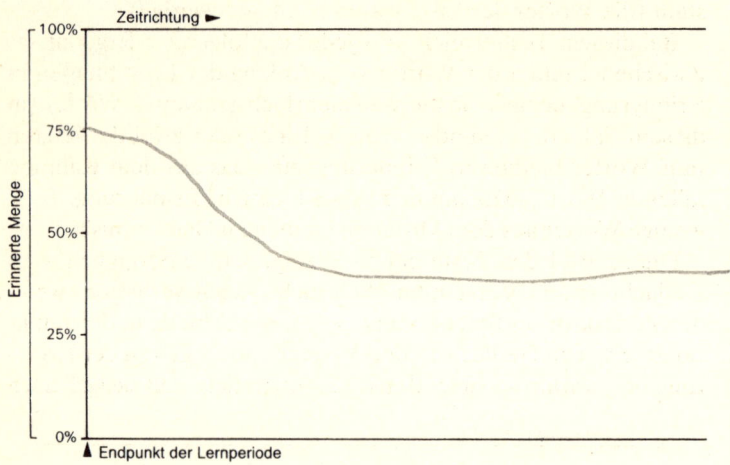

Test 4: Antworten

Anschließend werden die Zahlen 1 bis 10 aufgeführt. Tragen Sie nach Möglichkeit zu jeder Zahl das Wort ein, das im Test neben der betreffenden Zahl erschien. Die Zahlen sind nicht in der gleichen Reihenfolge aufgeführt. Schauen Sie nicht auf die Originalliste, bevor Sie die Wörter aus dem Gedächtnis eingetragen haben.

1   *Uhr*   7   *Banane*

5   4   *Glas*

3   6

8   10   *Stuhl*

9   *Brei*   2

Anzahl der richtigen Antworten: _____ *4* _____

60

Erinnern während des Lernens –
Erörterung der Tests 1 und 2

Test 1 zeigte, wie das Erinnern während einer Lernperiode funktioniert, vorausgesetzt, das Verständnis bleibt ziemlich konstant (die Wörter der Liste waren nicht »schwierig«).

Bei diesem Test erreicht fast jeder die folgenden Ergebnisse: Zwischen 2 und 8 der Wörter vom Anfang der Liste bleiben in Erinnerung; ebenso die meisten mehrfach genannten Wörter (in diesem Fall »der«, »und«, »von«). Eines oder zwei der letzten fünf Wörter bleiben in Erinnerung; und das aus dem Rahmen fallende Wort (»Mohammed Ali«) bleibt in Erinnerung. Sehr wenige Wörter aus dem Mittelteil bleiben im Gedächtnis haften.

Dieses Bild der Testergebnisse zeigt sehr eindringlich, daß Gedächtnis und Verständnis sich nicht gleich verhalten, wenn der Zeitfaktor ins Spiel kommt. Die Unterschiede in der Funktionsweise von Gedächtnis und Verständnis tragen zu der Erklärung bei, warum so viele Menschen feststellen, daß sie sich nach

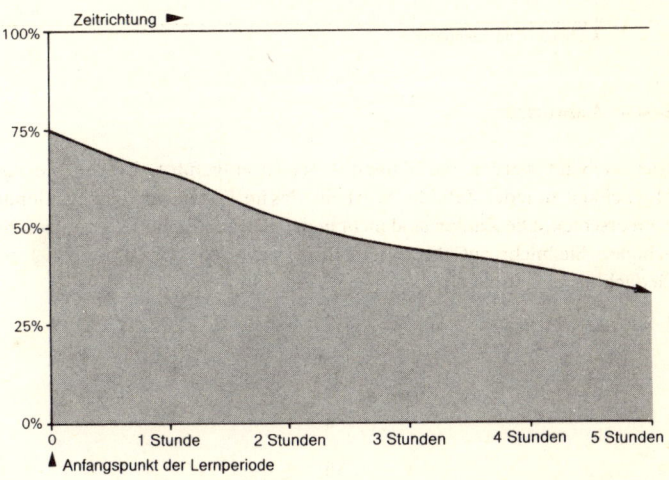

Abb. 17 **Mit wachsendem Zeitabstand von der Lernperiode tendiert die Erinnerung zu einer progressiven Verschlechterung, wenn der Geist nicht die angemessenen Ruhepausen erhält.**

61

Stunden des Lernens und Verstehens nicht mehr an viele Dinge erinnern können. Das liegt daran, daß die Erinnerung dazu tendiert, mit wachsendem Zeitabstand progressiv schlechter zu werden, wenn man dem Geist nicht kurze Ruhepausen einräumt.

Daher wird das echte Diagramm für den Test 2 komplizierter ausfallen als die gezeigten einfachen Beispiele. Es wird wahrscheinlich auch komplizierter sein als Ihre Darstellung Ihres eigenen Erinnerungsverhaltens während einer Lernperiode. Durchschnittliche Resultate aus Test 1 führen zu einem Diagramm, das dem in Abb. 18 gezeigten ähnlich ist.

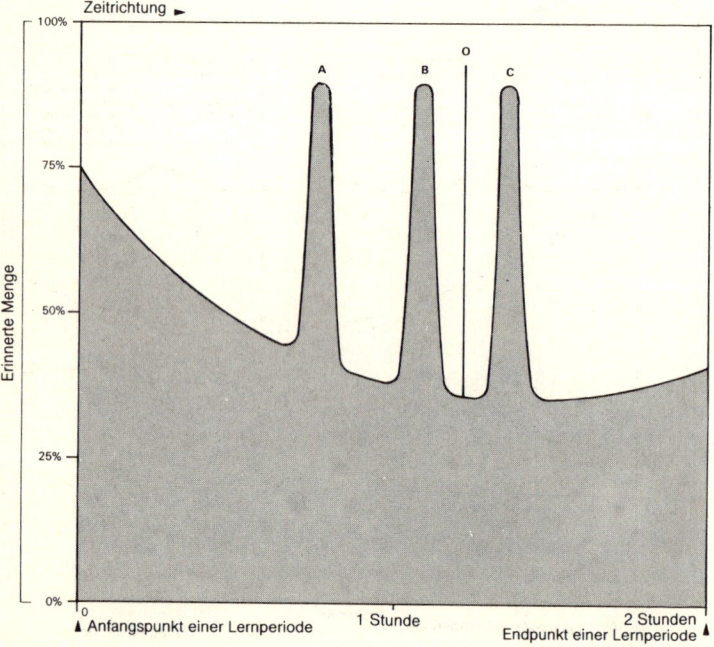

Abb. 18 **Erinnern während des Lernens. Das Diagramm zeigt, daß wir mehr aus den Anfangs- und Endphasen einer Lernperiode und von den Dingen behalten, die assoziiert oder verknüpft sind (A, B und C) und die aus dem Rahmen fallen oder einmalig sind (O).**

62

Dieses Diagramm macht deutlich, daß wir unter normalen Bedingungen und bei ziemlich konstantem Verständnis zu folgendem Erinnerungsverhalten tendieren: Mehr Erinnerung an die Anfangs- und Endphasen von Lernperioden; mehr Erinnerung an Dinge, die durch Wiederholung, Sinn, Reimung usw. assoziiert werden; mehr Erinnerung an Dinge, die aus dem Rahmen fallen oder einmalig sind; und beträchtlich weniger Dinge aus dem Mittelteil von Lernperioden.

Wenn die Erinnerung auf einem verhältnismäßig hohen Niveau gehalten werden soll, ist es notwendig, den Punkt zu

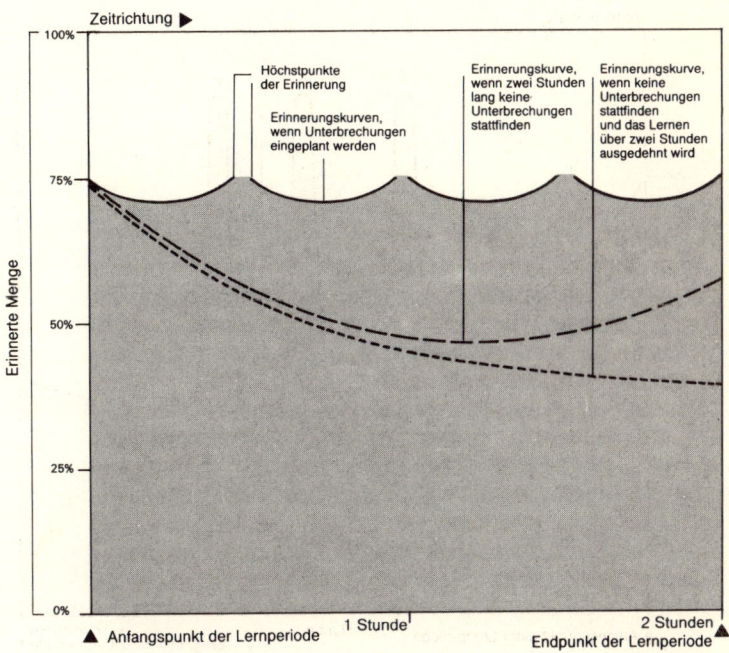

Abb. 19 **Erinnerung während des Lernens mit und ohne Unterbrechungen. Eine Lernperiode zwischen 20 und 40 Minuten erbringt das beste Verhältnis zwischen Verständnis und Erinnerung.**

64

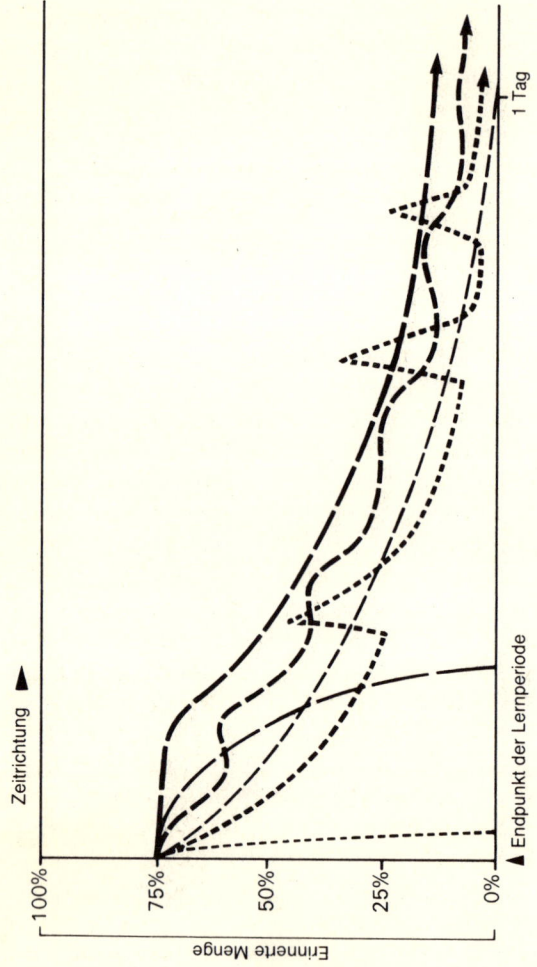

Abb. 20 **Erinnern nach einer Lernperiode – Selbsteinschätzung. Das Diagramm zeigt die verschiedenen Arten von Antworten, die die Befragten über ihr Erinnerungsverhalten nach einer Lernperiode gaben.**

finden, an dem Erinnerung und Verständnis sich in größter Harmonie befinden. In normalen Fällen liegt dieser Punkt zwischen 20 und 40 Minuten. Eine kürzere Periode gibt dem Geist nicht genügend Zeit, Rhythmus und Organisation des Lernstoffs voll zu erfassen, und eine längere Periode führt zu einem kontinuierlichen Abfall der erinnerten Menge.

Wenn eine Periode des Lernens aus einer Vorlesung, einem Buch oder aus Massenmedien zwei Stunden umfaßt, ist es besser, kurze Unterbrechungen einzuschieben. Auf diese Weise kann die Erinnerungskurve auf einem hohen Stand gehalten werden, und man vermeidet, daß sie im weiteren Verlauf der Lernperiode konstant absinkt. Die kurzen Unterbrechungen garantieren acht relativ hohe Werte der Erinnerungskurve mit vier kleinen Absenkungen im Zwischenbereich. Jede dieser Absenkungen ist geringer als die Gesamtabsenkung, die ohne Unterbrechungen eintreten würde. (Siehe Abb. 19.)

Unterbrechungen sind zusätzlich als Entspannungszeiten nützlich. Sie lockern die muskuläre und geistige Anspannung, die sich unvermeidlich während der Konzentrationsperioden aufbaut.

Erinnerung nach einer Lernperiode – Erörterung von Test 3 und Antworten

Im Test 3 hatten Sie in einem Diagramm darzustellen, wie nach Ihrer Einschätzung Ihr Gedächtnis funktionierte, nachdem eine Lernperiode abgeschlossen war. Die Beispiele auf den Seiten 55 und 56 zeigten Antworten mehrerer Personen zu dieser Frage. Wir stellten jedoch fest, daß insgesamt eine viel größere Variationsbreite zu registrieren ist.

Andere Antworten zeigten folgende Ergebnisse: Gerade Linien, die fast unmittelbar auf Null abstürzten. Verschiedene Varianten eines schnelleren Abfallens, manche davon auf Null, andere auf einem niedrigen Stand sich stabilisierend. Mehrere Varianten eines langsameren Abfallens, davon einige bis auf den Nullpunkt, andere auf einem gewissen Niveau verharrend. Und schließlich einige Varianten, die ein Ansteigen und Abfallen verschiedenen Ausmaßes zeigen. (Siehe Abb. 20.)

Das überraschende Ergebnis ist, daß keines der früher gezeigten Beispiele und keine der Schätzungen korrekt sind. Sie haben alle einen besonders wichtigen Faktor vernachlässigt: Die Erinnerung *steigt* nach einer Lernperiode anfangs und fällt erst dann ab. Dabei folgt sie einer steil fallenden konkaven Kurve, die sich schließlich stabilisiert und niemals bis auf den Nullpunkt absinkt. (Siehe Abb. 21.)

Der Grund für dieses kurze Ansteigen ist leicht zu verstehen: In dem Augenblick, in dem die Lernperiode beendet ist, hat das Gehirn noch nicht genügend Zeit gehabt, die neue Information, die es assimiliert hat, auch zu integrieren. Das gilt vor allem für den letzten Teil der Information. Das Gehirn benötigt ein paar Minuten, um alle wechselseitigen Verbindungen herzustellen und fest mit dem vorhandenen Material zu verknüpfen – sie »einsinken« zu lassen.

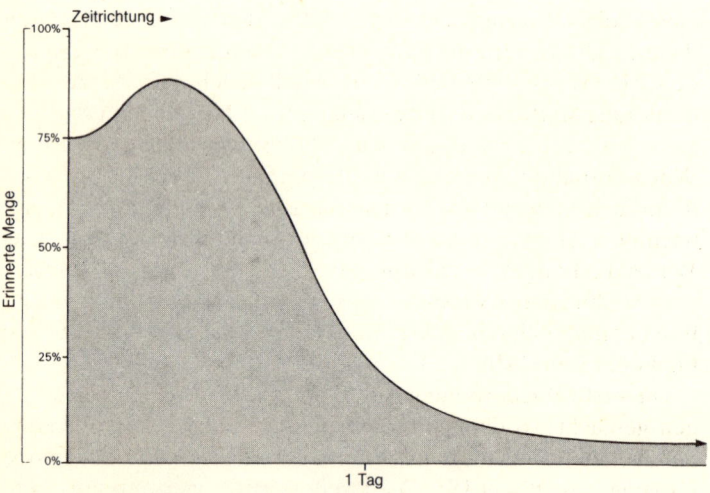

Abb. 21 **Das Diagramm zeigt, wie das Erinnern über einen kurzen Zeitraum nach der Lernperiode ansteigt und dann steil abfällt. (80 Prozent sind innerhalb von 24 Stunden vergessen.)**

66

Das Abfallen nach dem kurzen Ansteigen ist steil – innerhalb von 24 Stunden nach einer einstündigen Lernperiode sind mindestens 80 Prozent detaillierter Information verloren. Das enorme Abfallen der erinnerten Menge muß und kann durch geeignete Wiederholungstechniken vermieden werden.

Wiederholung und Gedächtnis

Wenn das Wiederholen vernünftig organisiert wird, zeigt der in Abb. 19 gezeigte Kurvenverlauf sinngemäß auch das Erinnerungsverhalten nach Ablauf einer Lernperiode, und zwar auf der Basis des kurz nach Beendigung der Lernperiode erreichten Höchststandes. Um dieses Ziel zu erreichen, muß ein planmäßiges Wiederholungsprogramm angewendet werden, das von der These ausgeht, daß jede Wiederholung etwa zu der Zeit erfolgen muß, wenn die Erinnerung abzufallen beginnt. Zum Beispiel sollte die erste Wiederholung ungefähr 10 Minuten nach einer einstündigen Lernperiode stattfinden und sollte 10 Minuten dauern. Damit wird die Erinnerung für ungefähr einen Tag auf dem Höchststand bleiben. Danach soll gleich die nächste Wiederholung stattfinden, die diesmal 2 bis 4 Minuten dauern soll. Jetzt wird die Erinnerung wahrscheinlich für annähernd eine Woche erhalten bleiben, worauf eine neue zweiminütige Wiederholung notwendig wird. Die nächste Wiederholung ist dann nach etwa einem Monat anzusetzen. Nach dieser Zeit wird das Wissen im Langzeitgedächtnis verankert sein. Das heißt, es wird etwa so abrufbar sein wie eine persönliche Telefonnummer und braucht nur noch sehr gelegentlich einen Anstoß, um erhalten zu bleiben. (Siehe Abb. 22.)

Die erste Wiederholung sollte, vor allem wenn Aufzeichnungen gemacht worden sind, eine ziemlich vollständige Revision der Notizen sein, die durch eine überarbeitete und endgültige Fassung ersetzt werden. Die zweite, dritte, vierte und weitere Wiederholungen sollten in folgender Weise durchgeführt werden: Ohne die revidierten Notizen anzuschauen, schreiben Sie auf ein Blatt Papier alles auf, woran Sie sich erinnern. Das wird dann anhand der Notizen überprüft, und Korrekturen oder Ergänzungen zum erinnerten Stoff werden angebracht. Sowohl Aufzeichnungen wie Kurznotizen sollten in der Form von Kartogrammen gemacht werden, wie sie auf den Seiten 124 bis 127 erläutert werden.

Einer der wichtigsten Aspekte richtiger Wiederholung ist der akkumulative Effekt, den es auf alle Arten des Lernens, Denkens und Erinnerns ausübt. Wer nicht wiederholt, vergeudet ständig Arbeitsleistung, die er für einen Lernprozeß aufwendet, und nimmt damit schwerwiegende Nachteile in Kauf.

Jedesmal, wenn er eine neue Lernperiode beginnt, befindet sich seine Erinnerung an früher erworbenes Wissen auf einem sehr niedrigen Niveau, und die Verknüpfungen, die sich automatisch ergeben, werden verfehlt. Das hat zur Folge, daß sein Verständnis des neuen Stoffes stark eingeschränkt ist, Effizienz und Geschwindigkeit bei der Aufnahme des neuen Stoffes ebenfalls geringer sind. Dieser fortlaufend negative Prozeß resultiert in einer abwärts gerichteten Spirale und endet schließlich in der verzweifelten Vorstellung, niemals etwas richtig lernen zu können – jedesmal, wenn ein neuer Stoff gelernt wird, ist er alsbald vergessen, und von Mal zu Mal wird die Lust am Lernen geringer. Das Ergebnis ist, daß viele Menschen nach Absolvierung ihrer vorgeschriebenen Examen selten, wenn überhaupt, ein weiterbildendes Buch zur Hand nehmen.

Wenn man das Wiederholen nicht planmäßig durchführt, leidet darunter auch das allgemeine Gedächtnis. Jedes neue Stück Information, das vernachlässigt wird, sinkt unter das Bewußtseinsniveau und ist daher nicht für die Bildung neuer Gedächtnisverbindungen verfügbar. Gedächtnis ist ein Prozeß, der auf Verbindungen und Assoziationen basiert. Je weniger Informationen daher im »Erinnerungsspeicher« vorhanden sind, um so geringer ist die Möglichkeit, neue Informationen zu registrieren und zu verknüpfen.

Auf der anderen Seite sind die Vorteile für denjenigen, der planmäßig wiederholt, enorm groß. Je mehr er von dem laufend aufgenommenen Wissen bewahrt, um so mehr wird er fähig sein, es zu absorbieren und zu verarbeiten. Wenn er studiert, wird die

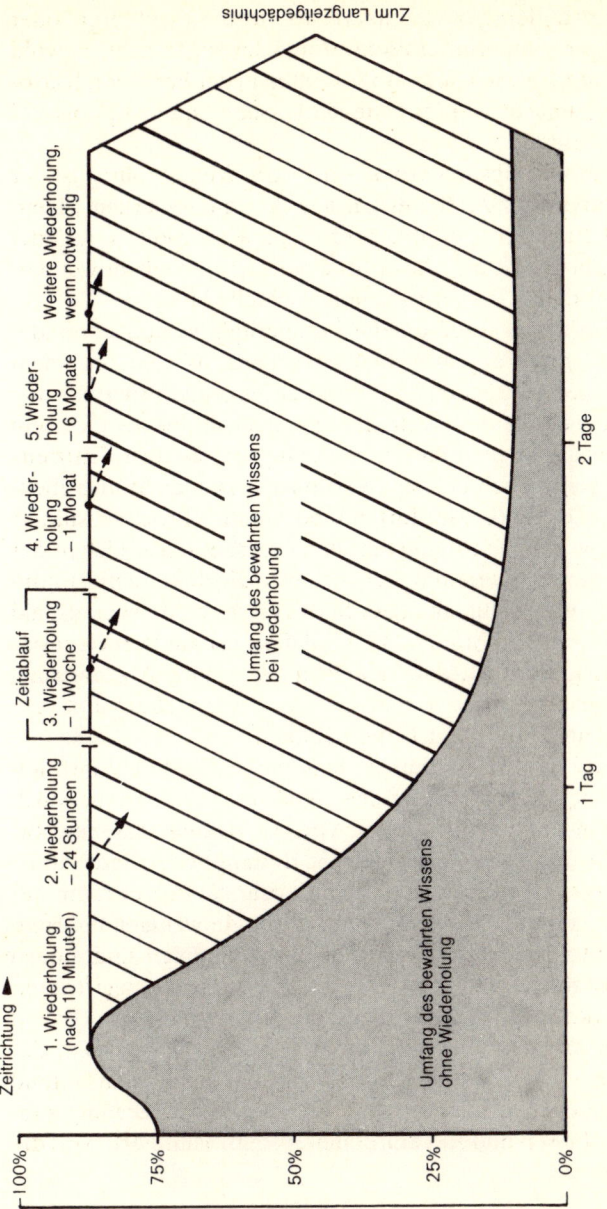

Abb. 22 **Das Diagramm zeigt, wie zeitlich richtig geplantes Wiederholen die Erinnerung konstant auf einem hohen Niveau hält.**

expandierende Menge des abruffähigen Wissens ihn befähigen, neues Wissen viel leichter zu absorbieren, da jede neue Information in den Kontext des bereits vorhandenen Bestandes relevanter Informationen eingebunden wird. (Siehe Abb. 22.) Der Prozeß hat große Ähnlichkeit mit dem Schneeballrollen, bei dem der Schneeball sich um so rascher vergrößert, je schneller man ihn rollt, bis er schließlich unter seinem eigenen Schwung weiterrollt.

Wiederholen, geistige Leistungsfähigkeit und Alter

Die Art, wie ein Mensch wiederholt, hat einen interessanten Bezug zu verbreiteten Vorstellungen über die Abnahme geistiger Leistungsfähigkeit mit zunehmendem Alter. Im allgemeinen wird angenommen, daß IQ-Werte, Erinnerungsvermögen, die Fähigkeit, Raumverhältnisse zu erkennen, Wahrnehmungsgeschwindigkeit, Beurteilungsgeschwindigkeit, Induktion, Zahlenbeziehung, assoziatives Gedächtnis, intellektuelles Niveau, geistige Reaktionsfähigkeit, semantisches Verständnis, formales Argumentieren, allgemeines Denken usw. nach Erreichen eines Höchststandes im Alter von 18 bis 25 Jahren ständig abnehmen. (Siehe Abb. 23.)

So begründet die angegebenen Zahlen sein mögen – man muß zwei wichtige Faktoren berücksichtigen:

1. Die Abnahme beträgt über die Lebenszeit hin wenig mehr als 5 bis 10 Prozent. Wenn man die Beziehung zu der enormen inhärenten Kapazität des Gehirns sieht, ist sie unbedeutend.
2. Die Personen, die an den Experimenten teilnahmen, die zu diesen scheinbar entmutigenden Zahlen führten, hatten eine traditionelle Schulbildung und daher in den meisten Fällen nie gute Lern-, Wiederholungs- und Erinnerungstechniken praktiziert.

Wenn man die Abb. 23 ansieht, kann man leicht erkennen, daß die geistige »Konditionierung« eines solchen Menschen sich über

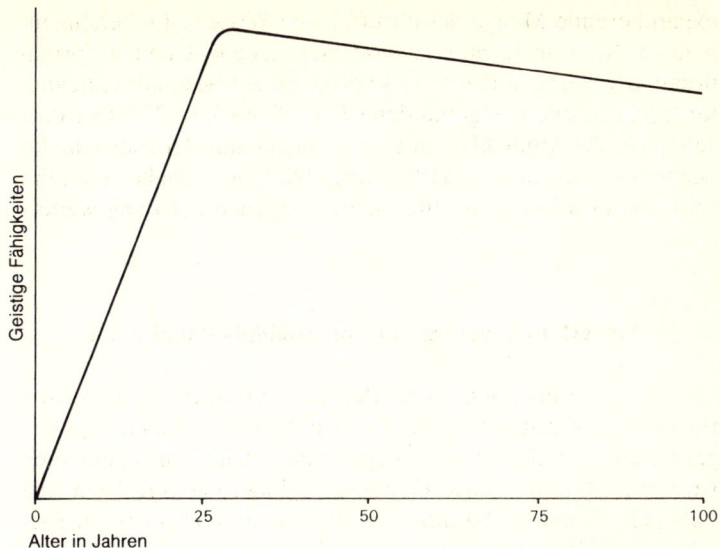

Geistige Fähigkeiten

0   25   50   75   100

Alter in Jahren

Abb. 23 **Das Diagramm zeigt Standardergebnisse von Messungen der geistigen Leistungsfähigkeit mit zunehmendem Alter. Allgemein wird angenommen, daß nach einem Höchststand im Alter von 18 bis 25 Jahren eine langsame, aber ständige Abnahme eintritt.**

viele Jahre hin auf einem sehr niedrigen Niveau befunden haben muß. Anders ausgedrückt: Seine tatsächlichen intellektuellen Fähigkeiten haben »auf Eis gelegen«. Es ist nicht überraschend, daß ein ungeübter Geist nach 20 bis 40 Jahren falscher oder mangelnder Nutzung seiner Fähigkeiten eine leichte Verschlechterung zeigt – überraschend ist, daß er noch so gute Ergebnisse bringt!

Wenn dagegen der Geist ständig geübt und seine Fähigkeiten voll genutzt werden, wird die graphische Darstellung der Altersleistung völlig anders aussehen. Man kann das deutlich bei Untersuchungen über die geistige Leistungsfähigkeit älterer Menschen erkennen, die aktiv und interessiert geblieben sind. Sehr oft besitzen sie ein fast totales Erinnerungsvermögen, und ihre Fähigkeit, neue Wissensgebiete zu verstehen und zu studie-

71

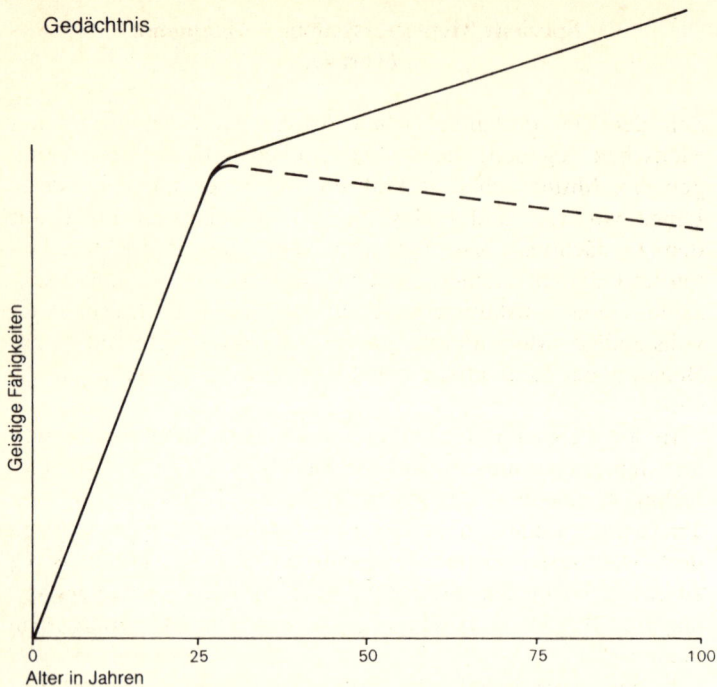

Gedächtnis

Geistige Fähigkeiten

Alter in Jahren

0   25   50   75   100

Abb. 24 **Diagramme wie das der Abb. 23 basieren auf Statistiken von Personen mit traditioneller Schulbildung. Wenn die natürlichen Gehirnfunktionen umfassender genutzt werden, können Menschen mit zunehmendem Alter ihre Fähigkeiten noch verbessern.**

ren, übertrifft weit die Fähigkeit ebenso interessierter junger und weniger erfahrener Menschen.

Bei der Untersuchung der geistigen Leistungsfähigkeit des Menschen ist man von der falschen Annahme ausgegangen, daß der altersbedingte Schrumpfungsprozeß »natürlich« und daher unvermeidlich sei. Man sollte sich viel genauer die persönliche Kondition der untersuchten Personen anschauen; man würde dann experimentell Möglichkeiten erkunden können, um die geistigen Fähigkeiten mit zunehmendem Alter noch zu steigern.

72

Spezielle Memoriersysteme – Mnemonik
(Test 4)

Seit der Zeit der griechischen Antike hat es immer wieder Menschen gegeben, die mit erstaunlichen Gedächtnisleistungen ihre Mitmenschen verblüfften. Sie waren fähig, hunderte Dinge vorwärts und rückwärts und in beliebiger Folge aus dem Gedächtnis abzurufen; sich Namen und Gesichter, Daten und Zahlen zu merken. Und sie waren in der Lage, spezielle Gedächtniskünste vorzuführen, wie zum Beispiel das vollständige Memorieren ganzer Wissensgebiete oder das Behalten der Reihenfolge beliebig gemischter Spielkartenpäckchen.

In den meisten Fällen bedienten sich diese Menschen spezieller Memoriertechniken, die wir als Mnemonik oder Mnemotechnik bezeichnen. Man hat früher diese Techniken als bloße Tricks abgetan; aber neuerdings hat sich die Einschätzung geändert. Man ist sich darüber klargeworden, daß die Methoden, die zu einem leichteren und rascheren Einprägen und einem viel längeren Erinnern befähigen, mehr als simple Tricks sein müssen.

Neuere wissenschaftliche Erkenntnisse über die Funktionsweise des Geistes beweisen, daß diese Techniken tatsächlich sehr eng mit den Basisfunktionen des Gehirns verbunden sind. Die mnemonischen Techniken haben infolgedessen höheres Ansehen und weitere Verbreitung gewonnen, und sie werden heute an Universitäten und Schulen als zusätzliche Hilfen beim allgemeinen Lernprozeß gelehrt. Die Verbesserung von Gedächtnisleistungen, die mit ihrer Hilfe erreicht werden kann, ist beträchtlich, und die Skala der angebotenen Techniken ist sehr umfangreich.

Wir können in diesem Kapitel keine vollständige Übersicht geben; aber wir wollen hier die Basistheorie dieses Systems erläutern und ein einfaches System für das Merken von bis zu zehn Wortbegriffen vorstellen.

Nehmen wir an, die zehn Merkwörter sind:

1 Tisch
2 Feder
3 Katze
4 Blatt
5 Student
6 Orange
7 Wagen
8 Bleistift
9 Hemd
10 Stock

Wenn wir uns diese Wortfolge merken wollen, brauchen wir irgendein System, das uns ermöglicht, die Assoziations- und Verknüpfungsfähigkeit des Gedächtnisses zu nutzen, um die Begriffe mit der richtigen Zahl zu verbinden.

Das beste System ist in diesem Fall das Zahl-Reim-System, bei dem mit jeder Zahl ein Reimwort verbunden wird.

Als Reim-Schlüsselwörter könnten zum Beispiel verwendet werden:

1 (Ein)   = Bein
2 (Zwo)   = Stroh
3 (Drei)   = Brei
4 (Vier)   = Tier
5 (Fünf)   = Strümpf'
6 (Sechs) = Klecks
7 (Sieben) = Rüben
8 (Acht)   = Nacht
9 (Neun)   = Scheun'
10 (Zehn) = Ren

Um sich die erste Liste willkürlich zusammengestellter Wörter zu merken, muß man sie auf irgendeine Weise mit den den Zahlen zugeordneten Reimwörtern fest verknüpfen. Wenn man das geschickt macht, wird die Antwort auf die Frage: »Welches Wort war mit der Zahl 3 verbunden?«, leicht zu finden sein. Das Reimwort für 3, »Brei«, wird sich automatisch einstellen, und das Bild des mit ihm verknüpften Merkwortes wird ins Gedächtnis gerufen. Man kann sich die Zahlen, Reimwörter und Merkwörter als die Kleiderstange, die Kleiderbügel und die austauschbaren Kleider in einem Kleiderschrank vorstellen. (Siehe Abb. 25.)

Es kommt bei diesem und allen anderen Memoriersystemen vor allem darauf an, sicherzustellen, daß das Reimwort und das Merkwort fest und sicher miteinander verknüpft werden. Um das zu erreichen, müssen die bildhaften Wortverbindungen eine oder mehrere der folgenden Voraussetzungen erfüllen. Sie sollen sein:

übertrieben
Das Bild muß außergewöhnlich oder in grotesker Weise laut, groß usw. sein.

absurd
Wo es möglich ist, sollten die verknüpften Wortbilder ein neues Bild produzieren, das humorvoll oder lächerlich ist.

sexuell
Wenn Sex ins Bild gebracht werden kann, tun Sie das!

vulgär
Erfahrungsgemäß prägen sich auch obszöne Bilder leicht ein.

sinnlich
Alle Sinnesorgane können zur bildhaften Vorstellung beitragen.

beweglich
Ein sich bewegendes Bild prägt sich stärker ein als ein statisches.

farbig
So leuchtende und grelle Farben wie möglich.

phantasievoll
In jeder bisher nicht erwähnten Weise.

klar
Die beiden Wörter müssen zu möglichst unverwechselbaren Bildern verknüpft werden. Zu witzige, abstrakte oder konfuse Bilder sind nicht hilfreich.

Zahl	1	2	3	4	5	6	7	8	9	10
Schlüssel-wort	Bein	Stroh	Brei	Tier	Strümpf'	Klecks	Rüben	Nacht	Scheun'	Ren
Merkwort	Tisch	Feder	Katze	Blatt	Student	Orange	Wagen	Bleistift	Hemd	Stock

Abb. 25 **Das Zahl-Reim-Memoriersystem in der Form eines Kleiderschrankes dargestellt.**

Es ist wichtig, bei der Formung der Wortverknüpfungen eine sehr klare bildliche Vorstellung zu schaffen. Das kann man sehr gut erreichen, indem man die Augen schließt und das Bild auf die Innenseite der Augenlider projiziert.

Schauen wir uns jetzt an drei Beispielen solche Wortverknüpfungen an.

3 Brei   Katze
Stellen Sie sich vor, wie die Katze um den heißen Brei herumschleicht.

5 Strümpf   Student
Denken Sie an einen Studenten, der mißmutig auf seiner Bude zerlöcherte Strümpfe stopft.

10 Ren   Stock
Stellen Sie sich vor, wie zwei Lappen ein erlegtes Ren an einem Stock nach Hause tragen.

Tragen Sie jetzt die Reimwörter und möglichst viele der Merkwörter in die Liste auf S. 79 ein.

Mit ein wenig Übung müßte es möglich sein, sich jeweils alle zehn Wörter zu merken, selbst wenn Sie immer dasselbe System benutzen. Die Merkwörter können, wie die Kleider, mit denen wir sie verglichen haben, vom Bügel genommen und gegen andere ausgetauscht werden. Die Wörter, die immer konstant bleiben müssen und die man deshalb kaum vergessen wird, sind die Reim-Schlüsselwörter.

Wie schon erwähnt, gibt es viele andere Memoriersysteme, die ebenso leicht zu handhaben sind wie dieses einfache System. Aber man würde ein ganzes Buch brauchen, um sie alle zu erklären. (Es gibt übrigens solche Bücher.) Besonders nützlich ist etwa das »Major-System«, das nach einem ähnlichen Prinzip wie das Zahl-Reim-System das Merken von mehr als tausend Wörtern ermöglicht und einen Schlüssel für das Memorieren von

Zahlen und Daten gibt. Gute Dienste leistet auch das Gesicht-Name-System, mit dem man der peinlichen Situation vorbeugen kann, sich entweder nicht an Namen oder nicht an die Gesichter von Menschen, die man trifft, erinnern zu können.

Schlüsselwörter und Schlüsselbegriffe für das Erinnern

Wie wir im Verlauf dieses Kapitels gesehen haben, ist Gedächtnis primär ein Assoziations- und Verknüpfungsprozeß, der zu einem großen Teil von richtig ausgewählten Schlüsselwörtern und Schlüsselbegriffen abhängig ist.

Auch die folgenden drei Kapitel, die sich mit Schlüsselwörtern und Aufzeichnungstechniken befassen, haben einen sehr engen Bezug zum Erinnern und Memorieren. Sie sollten die Informationen dieses Kapitels nach dem Erarbeiten der nächsten Kapitel noch einmal anschauen.

Reim-Schlüsselwörter   **Merkwörter**

1 _____   _____

2 _____   _____

3 _____   _____

4 _____   _____

5 _____   _____

6 _____   _____

7 _____   _____

8 _____   _____

9 _____   _____

10 _____   _____

Persönliche Notizen

4

Notizen
und
Aufzeichnungen

A: Schlüsselwörter

Überblick

- **Übungen mit Schlüsselwörtern; Standardantworten**
- **Schlüsselwörter und -begriffe – kreativ und erinnernd**
- **Gedächtnis – ein Vergleich zwischen Standardnotizen und Schlüsselwortnotizen**
- **Übergang von der Schlüsselwortnotiz zur *Mind-Map*-Notiz**

Übung und Diskussion

Stellen Sie sich vor, Ihr Hobby sei das Lesen von Kurzgeschichten. Sie lesen jeden Tag mindestens fünf Geschichten, und Sie machen sich Notizen, um keine von ihnen zu vergessen. Sie benutzen dazu ein Kartei-System. Sie legen jeweils eine Karte für Titel und Autor an und je eine Karte für jeden Abschnitt einer Geschichte. Auf jede Abschnittskarte tragen Sie ein Hauptschlüsselwort ein und ein Zweitschlüsselwort bzw. entsprechende Schlüsselphrasen. Die Schlüsselwörter oder -phrasen entnehmen Sie entweder direkt der Geschichte, oder Sie bilden sie selbst, weil sie besonders gut den Inhalt der Geschichte charakterisieren.

Nehmen wir einmal an, daß Ihre tausendste Geschichte *Kusa-Hibari* von Lafcadio Hearn ist und daß Sie die Titel- und Autorenkarte angelegt haben.

Lesen Sie jetzt die folgende Geschichte, und tragen Sie zu Übungszwecken je ein Schlüsselwort oder eine Schlüsselphrase sowohl für die Hauptidee wie für die Zweitidee der ersten fünf Absätze in die auf das Ende der Geschichte folgende Liste ein.

Kusa-Hibari
von Lafcadio Hearn

Sein Käfig ist genau zwei japanische Zoll hoch und eineinhalb Zoll breit. In die winzige Holztür, die sich um eine Angel dreht, paßt kaum die Spitze meines kleinen Fingers. Aber er hat viel Platz in diesem Käfig – Platz zum Herumwandern und zum Springen und Fliegen, denn er ist so klein, daß Sie sehr achtsam durch die braune Gaze der Seitenwände schauen müssen, um einen Blick auf ihn zu erhaschen. Ich muß immer den Käfig mehrere Male herumdrehen, bei gutem Licht, bevor ich seinen Aufenthaltsort entdecken kann, und dann finde ich ihn gewöhnlich in einer der oberen Ecken ruhend – mit dem Kopf nach unten an der Gaze-Decke hängend.

Stellen Sie sich eine Grille etwa in der Größe eines gewöhnlichen Moskitos vor – mit einem Paar Fühlern, viel länger als der Leib und so fein, daß Sie sie nur gegen das Licht wahrnehmen können. Kusa-Hibari oder »Graslerche« ist sein japanischer Name; und sein Marktwert beträgt genau zwölf Cents: das ist, kann man sagen, sehr viel mehr als sein Gewicht in Gold. Zwölf Cents für solch ein Mückending!... Bei Tage schläft oder meditiert er, außer in der Zeit, wo er mit der Scheibe frischer Aubergine oder Gurke beschäftigt ist, die jeden Morgen in seinen Käfig gesteckt werden muß... Ihn sauber und wohlgenährt zu halten, ist etwas beschwerlich: Könnten Sie ihn sehen, würden Sie es für absurd halten, daß man sich mit einem so lächerlich kleinen Geschöpf so viel Mühe macht.

Aber immer bei Sonnenuntergang erwacht seine winzige Seele. Dann beginnt das Zimmer sich mit einer zarten und geisterhaften Musik von unbeschreiblicher Süße zu füllen – ein feines silbernes Trillern und Klingen wie von winzigsten elektrischen Glöckchen. Wenn die Dunkelheit sich vertieft, wird der Klang süßer – manchmal anschwellend, bis das ganze Haus von der elfenhaften Resonanz zu vibrieren scheint, manchmal zu einem kaum vorstellbar schwachen Stimmfaden sich verdünnend. Aber, ob laut oder leise, es behält immer seine durchdringende Eigenart, die zauberhaft ist... Die ganze Nacht singt dieser Knirps so. Er hört erst auf, wenn die Tempelglocke die Stunde der Morgendämmerung verkündet.

Nun, dieser zarte Gesang ist ein Liebesgesang – das Lied einer vagen Liebe zum Ungesehenen und Ungekannten. Es ist ganz unmöglich, daß ihn etwas inspiriert, was er in seiner gegenwärtigen Existenz gesehen oder erlebt hat. Nicht einmal seine Vorfahren, viele Generationen zurück, könnten irgend etwas von dem Nachtleben der Felder oder der Liebesbedeutung des Gesangs gewußt haben.

Sie wurden aus Eiern geboren, ausgebrütet in einem irdenen Gefäß, im Laden irgendeines Insektenhändlers; und sie wohnten danach nur in Käfigen. Aber er singt das Lied seiner Gattung, wie es vor Myriaden von Jahren gesungen wurde, und so fehlerfrei, als kenne er die genaue Bedeutung jeder einzelnen Note. Natürlich hat er das Lied nicht gelernt. Es ist Gesang aus dem organischen Gedächtnis – dem tiefen, dunklen Gedächtnis von anderen Quintillionen Leben, als seine Seele bei Nacht von den taufeuchten Gräsern der Hügel rief: Damals brachte sein Lied ihm Liebe – und Tod. Er hat alles über den Tod vergessen; aber er erinnert sich an die Liebe. Und deshalb singt er jetzt – für die Braut, die niemals kommen wird.

So ist seine Sehnsucht eine unbewußte Erinnerung; er klagt in den Staub der Vergangenheit – er ruft zum Schweigen und zu den Göttern sein Verlangen nach der Rückkehr der Zeit . . . Menschliche Liebende tun sehr oft dasselbe, ohne es zu wissen. Sie nennen ihre Illusion ein Ideal, und ihr Ideal ist letztlich ein bloßes Schattengebilde von Arterfahrung, ein Phantom organischen Gedächtnisses. Die lebendige Gegenwart hat sehr wenig damit zu tun . . . Vielleicht hat dieser Winzling auch ein Ideal, oder zumindest das Rudiment eines Ideals; auf jeden Fall aber ist die sehnsüchtige Klage vergeblich.

Das ist nicht allein meine Schuld. Man hatte mich gewarnt, daß das kleine Geschöpf, wenn es sich paarte, zu singen aufhören und rasch sterben würde. Aber Nacht für Nacht rührte mich das klagende, süße, unbeantwortete Trillern an wie ein Vorwurf – wurde schließlich eine Obsession, ein Kummer, eine Gewissensqual; und ich versuchte, ihm ein Weibchen zu kaufen. Die

Jahreszeit war zu spät, es gab keine Kusa-Hibari – weder Männchen noch Weibchen. Der Insektenhändler lachte und sagte: »Er hätte um den zwanzigsten Tag des neunten Monats sterben müssen.« (Es war schon der zweite Tag des zehnten Monats.) Doch der Insektenhändler wußte nicht, daß ich einen guten Ofen in meinem Arbeitszimmer habe und die Temperatur auf über 22° Celsius halte. Deshalb singt mein Kusa-Hibari noch am Ende des elften Monats, und ich hoffe, ihn bis zur Zeit der größten Kälte am Leben zu erhalten. Jedoch sind alle anderen seiner Generation wahrscheinlich tot. Weder für Geld noch gute Worte könnte ich ihm eine Gefährtin finden. Und wenn ich ihn freisetzte, damit er selbst suchen könnte, würde er kaum eine einzige Nacht überleben, selbst wenn er das Glück hätte, bei Tage der Meute seiner natürlichen Feinde im Garten zu entkommen – den Enten, Hundertfüßern und gräßlichen Erdspinnen.

Letzten Abend, am neunundzwanzigsten des elften Monats, überkam mich ein seltsames Gefühl, als ich an meinem Schreibtisch saß: eine Empfindung von Leere im Zimmer. Dann wurde mir bewußt, daß mein Kusa-Hibari entgegen seiner Gewohnheit still war. Ich ging zu dem schweigsamen Käfig und fand ihn tot neben einem ausgetrockneten Stück Aubergine liegen, das grau und hart wie ein Stein war. Offensichtlich war er drei oder vier Tage lang nicht gefüttert worden. Aber noch die Nacht vor seinem Tod hatte er wundervoll gesungen, so daß ich törichterweise angenommen hatte, er sei zufriedener als gewöhnlich. Mein Schüler Aki, der Insekten liebt, pflegte ihn zu füttern. Aki war für eine Woche aufs Land gefahren, und die Pflicht, für die Graslerche zu sorgen, war auf Hana, das Hausmädchen, übergegangen. Sie hat kein Mitgefühl, Hana, das Hausmädchen. Sie sagt, daß sie das kleine Ding nicht vergessen hat – aber es war keine Aubergine mehr da. Und sie hatte nie daran gedacht, statt dessen ihm eine Scheibe Zwiebel oder Gurke zu geben! . . . Ich sprach Worte des Tadels zu Hana, dem Hausmädchen, und sie zeigte pflichtschuldige Reue. Aber die Elfenmusik ist verstummt, und die Stille ist ein Vorwurf; und das Zimmer ist kalt, trotz des Ofens.

Absurd! . . . Ich habe ein gutes Mädchen unglücklich gemacht

wegen eines Insekts von der halben Größe eines Gerstenkorns!
Das Verlöschen dieses winzigen Lebens quälte mich mehr, als ich
für möglich gehalten hätte . . . Natürlich mag die bloße Gewohnheit, an die Bedürfnisse eines Geschöpfs zu denken – selbst die
einer Grille – nach und nach, unmerklich, ein von der Phantasie
genährtes Interesse, eine Anhänglichkeit erzeugen, deren man
sich erst bewußt wird, wenn die Beziehung zerbrochen ist.
Zudem hatte ich, in der Stille der Nacht, so sehr den Charme
dieser zarten Stimme empfunden – die mir von einer winzigen
Existenz erzählte, die von meinem Willen und meinem selbst-
süchtigen Vergnügen wie von der Gunst eines Gottes abhängig
war –, die mir auch erzählte, daß das Fünkchen Geist in dem
kleinen Käfig, und das Fünkchen Geist in mir, für immer ein
Einziges und Selbes in den Tiefen der Unermeßlichkeit des Seins
waren . . . Und dann daran zu denken, wie das kleine Wesen
hungerte und dürstete, Nacht für Nacht und Tag für Tag, während die Gedanken seines Schutzgottes dem Weben der Träume
nachhingen! . . . Wie tapfer sang er trotzdem bis zum Ende –
einem entsetzlichen Ende, denn er hatte seine eigenen Beine
gegessen! . . . Mögen die Götter uns allen verzeihen – besonders
Hana, dem Hausmädchen!

Und doch, aus Hunger seine eigenen Beine zu verzehren, ist
im Grunde nicht das Schlimmste, das einem zur Gabe des
Gesangs verurteilten Wesen geschehen kann. Es gibt menschliche Grillen, die ihr eigenes Herz essen müssen, um zu singen.

Schlüsselwörter oder -phrasen für die Haupt- und Zweitideen
aus *Kusa-Hibari*

	Hauptideen	**Zweitideen**
Abschnitt 1	_____	_____
Abschnitt 2	_____	_____

86

Abschnitt 3 _____ _____

Abschnitt 4 _____ _____

Abschnitt 5 _____ _____

Anschließend finden Sie Beispiele von Schlüsselwörtern und -phrasen aus den Notizen von Studenten, die diese Übung gemacht haben. Vergleichen Sie diese mit Ihren eigenen Ideen.

Schlüsselwörter und -phrasen, die von Studenten vorgeschlagen wurden:

	Hauptidee	**Zweitidee**
Abschnitt 1	sein Käfig	zwei japanische Zoll
	Holztür	Holzboden
	Decke aus Gaze	viel Platz
	kleines Insekt	Aufenthalt entdecken
Abschnitt 2	Grille	Graslerche
	Gewicht in Gold	zwölf Cents
	Fühler	Markt
	Kusa-Hibari	mückenähnlich
Abschnitt 3	Schlaf	frische Gurke
	sauber, gut gefüttert	Mühe
	beschäftigt	Meditation
	absurd	klein
Abschnitt 4	durchdringend	silbernes Klingen
	Musik	Haus vibrierend
	elektrische Glöckchen	durchdringend
	Seele	Stunde der Morgendämmerung

Abschnitt 5	Liebe	Nachtleben
	Liebeslied	Insektenhändler
	die Hügel	Bedeutung
	Tod	Liebe und Tod

Bei der Besprechung der Übung kreiste der Dozent ein Wort aus jedem Abschnitt ein.

	Hauptidee	**Zweitidee**
Abschnitt 1	Holztür	Aufenthalt entdecken
Abschnitt 2	Gewicht in Gold	Markt
Abschnitt 3	beschäftigt	Mühe
Abschnitt 4	durchdringend	Stunde der Morgendämmerung
Abschnitt 5	Liebe	Nachtleben

Die Studenten wurden dann aufgefordert zu erklären, warum der Dozent im Kontext der Übung diese Wörter und Phrasen und nicht andere ausgewählt hatte. Die meisten Antworten lauteten etwa: »guter bildhafter Ausdruck«, »phantasievoll«, »anschaulich«, »treffend«, »gut zu erinnern«, »einprägsam«, usw.

Nur einer von fünfzig Studenten erkannte, warum der Dozent diese Wörter gewählt hatte: Im Kontext der Übung war die ausgewählte Reihe von Schlüsselwörtern völlig unbrauchbar.

Um dieses Urteil zu verstehen, müssen Sie sich vorstellen, daß Sie einige Jahre nach dem Lesen der Geschichte Ihre Notizen zur Auffrischung der Erinnerng noch einmal anschauen. Nehmen wir an, einige Titelkarten seien nicht auffindbar und Sie wollten aus den Schlüsselwörtern und -phrasen der Inhaltskarten sich die Erzählung ins Gedächtnis rufen.

Mit den Schlüsselwörtern, die der Dozent ausgewählt hat, würden Sie wahrscheinlich zu folgenden Assoziationen kommen: »Holztür«, ein »wertfreier« Ausdruck, würde wahrscheinlich die Vorstellung von einer Detektivgeschichte hervorrufen, wenn Sie ergänzend lesen: »Aufenthalt entdecken«. Die nächsten beiden Schlüssel: »Gewicht in Gold« und »Markt« würden das bestätigen und noch eine Verbindung zu krimineller Aktivität herstellen. Die nächsten drei Schlüsselwörter: »beschäftigt«, »Mühe« und »durchdringend« könnten zu der Annahme führen, daß eine der handelnden Personen, vielleicht der Held, persönlich in Schwierigkeiten steckt. Die Geschichte erhält zusätzliche Spannung, als die »Stunde der Morgendämmerung«, offensichtlich ein wichtiges und mysteriöses Moment, auftaucht. Die letzten beiden Schlüssel: »Liebe« und »Nachtleben«, bringen einen Hauch von Romantik und Schlüpfrigkeit in die ganze Sache und verleiten Sie, schnell die restlichen Schlüsselwörter auf weitere Gefahren und Höhepunkte durchzublättern! Sie würden eine interessante neue Story produziert haben, aber an die Originalgeschichte würden Sie sich nicht erinnern.

Wörter, die zur Zeit der Niederschrift recht gute Schlüssel zu sein scheinen, haben sich aus irgendeinem Grunde als ungeeignet für die Erinnerung erwiesen. Um das zu verstehen, müssen wir uns den Unterschied zwischen erinnernden und kreativen Schlüsselwörtern sowie die Art ihrer Wechselbeziehung nach Ablauf einer gewissen Zeit klarmachen.

Ein erinnerndes Schlüsselwort (oder eine erinnernde Schlüsselphrase) konzentriert in sich eine große Reihe spezieller Bilder und gibt bei Abruf dieselben Bilder zurück. Der Tendenz nach wird es ein starkes Substantiv oder Verb sein, gelegentlich durch zusätzliche Adjektive oder Adverbien unterstützt. (Siehe Abb. 26.)

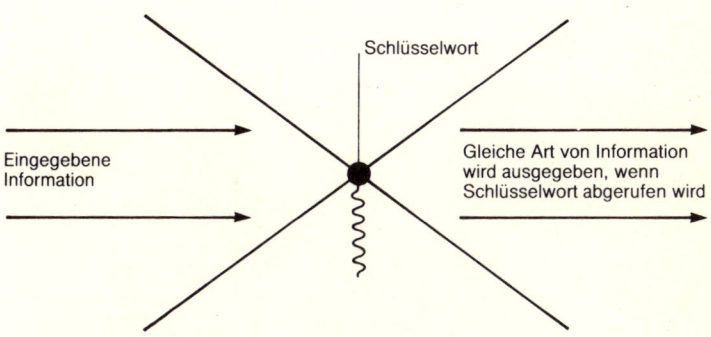

Abb. 26 **Diagramm, das ein erinnerndes Schlüsselwort darstellt.**

Ein kreatives Wort dagegen ist besonders eindrucksstark und bildformend, aber viel allgemeiner als das enger ausgerichtete erinnernde Schlüsselwort. Wörter wie »sickern« oder »bizarr« sind besonders einprägsam, bringen aber nicht unbedingt ein spezielles Bild hervor. (Siehe Abb. 27.)

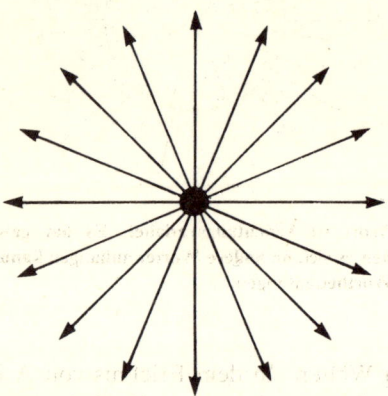

Abb. 27 **Ein kreatives Wort sprüht Assoziationen in alle Richtungen aus.**

Wir müssen aber nicht nur den Unterschied zwischen kreativen und erinnernden Wörtern verstehen, sondern auch etwas von der Natur der Wörter selbst und der Natur des Gehirns, das sich ihrer bedient, wissen.

Jedes Wort hat viele Bedeutungsmöglichkeiten. Es ist wie ein kleiner Ring, an dem sich viele Haken befinden. Jedes Wort kann sich mit anderen Wörtern verhaken, wodurch das neue Wortpaar den Ursprungswörtern eine differenziertere Bedeutung gibt. Nehmen wir zum Beispiel das Wort »Lauf« in der Bedeutung »Wettlauf« oder »Lauf der Geschichte« oder »Laufmasche«.

Andererseits unterscheidet sich auch jedes Gehirn von jedem anderen Gehirn. Wie wir im ersten Kapitel gesehen haben, ist die Anzahl der Neuronenverbindungen im Gehirn fast grenzenlos. Jedes Individuum erfährt das Leben anders. Selbst wenn zwei Menschen etwas gemeinsam erleben, befinden sie sich in sehr

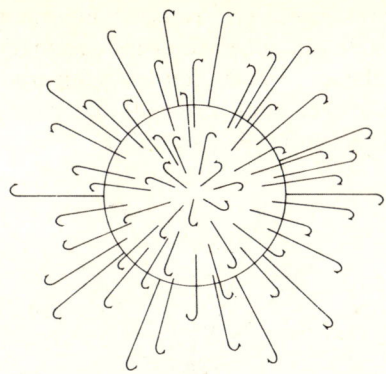

Abb. 28 **Jedes Wort ist bedeutungsvariabel. Es hat gewissermaßen viele »Haken«, mit denen es sich an andere Wörter anhängen kann. Dabei entstehen unterschiedliche Wortbedeutungen.**

verschiedenen Welten. In dem Erlebnis von A ist B ein nicht unwesentlicher Faktor, ebenso wie für B die Gegenwart von A das Erlebnis mitbestimmt. In ähnlicher Weise unterscheiden sich die von einem Wort ausgelösten Assoziationen eines Menschen von denen jedes anderen Menschen. Selbst ein einfaches Wort wie »Blatt« erzeugt bei jedem Menschen eine andere Reihe von Bildern. Für einen Menschen, dessen Lieblingsfarbe Grün ist, könnte das Grün der Blätter das bestimmende Bild sein. Jemand, dessen Lieblingsfarbe Braun ist, wird eher an die Schönheit der herbstlichen Färbung erinnert. Bei einem Menschen, der vielleicht einmal von einem Baum gefallen ist und sich dabei verletzt hat, wird das Gefühl der Furcht vorherrschend sein. Bei einem Gärtner werden sich die unterschiedlichen Empfindungen verbinden, die die Freude am Sprießen im Frühjahr und der Gedanke an die Arbeit des Zusammenrechens im Herbst auslösen. Man könnte endlos fortfahren und doch nicht die genaue Assoziationsreihe finden, die Sie, der Leser dieses Buches, mit dem Wort »Blatt« verbinden.

Aber der Mensch sieht nicht nur seine persönlichen Bilder in einzigartiger Weise, sein Gehirn ist auch von Natur aus sowohl schöpferisch wie sinnorganisierend. Es tendiert dazu, »sich selbst interessante und unterhaltende Geschichten zu erzählen«, wie das zum Beispiel bei Tag- und Nachtträumen geschieht.

Der Grund, warum die aus der Erzählung *Kusa-Hibari* ausgewählten Schlüsselwörter für die Erinnerung ungeeignet waren, wird uns jetzt verständlich. Aus der Bedeutungsvielfalt der notierten Schlüsselwörter und -phrasen »pickte« der Geist automatisch die Verknüpfungen heraus, die die naheliegendsten, bildhaftesten oder eingängigsten waren. Der Geist wurde konsequent über einen Weg geleitet, der mehr auf Kreativität als auf Erinnerung gerichtet war. Es wurde eine Geschichte konstruiert, die interessant, aber für die Erinnerung kaum brauchbar war.

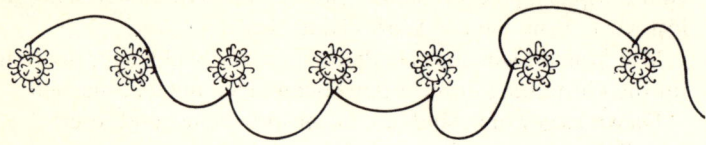

Abb. 29 **Sie zeigt, wie der Geist »falschen Verknüpfungen« in einer Reihe von Schlüsselwörtern folgen kann.**

Erinnernde Schlüsselwörter würden den Geist gezwungen haben, die angemessenen Verknüpfungen in der korrekten Richtung herzustellen. Sie hätten ihn in die Lage versetzt, die Geschichte zu rekonstruieren, selbst wenn Tendenz und Sinn völlig vergessen waren.

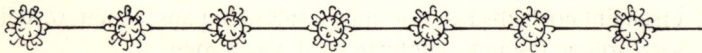

Abb. 30 **Richtung korrekter Assoziationen, wenn geeignete erinnernde Schlüsselwörter verwendet wurden.**

Schlüsselwortnotiz gegen Standardnotiz

Die Wesensstruktur der Erinnerung ist von diesem Schlüsselkonzept bestimmt. Sie ist nicht, wie oft angenommen wird, ein Prozeß, bei dem Wörter an Wörter gereiht werden. Wenn jemand ein Buch beschreibt, das er gelesen hat, oder einen Ort, an dem er gewesen ist, liest er nicht aus dem Gedächtnis ab. Er gibt vielmehr nach Schlüsselbegriffen eine Übersicht, indem er die Hauptpersonen charakterisiert, die Umstände und Ereignisse berichtet und Detailbeschreibungen einfügt. In entsprechender Weise bringt das Schlüsselwort oder die Schlüsselphrase ganze Erfahrungs- und Empfindungsreihen zurück. Denken Sie zum Beispiel an die Vorstellungsreihe, die in Ihrem Geist ausgelöst wird, wenn Sie das Wort »Kind« lesen.

Wie können wir nun das Phänomen der Schlüsselerinnerung für die Gestaltung unserer Aufzeichnungen nutzbar machen?

Da wir es gewohnt sind, uns am gesprochenen und geschriebenen Wort zu orientieren, haben wir angenommen, daß die normale Satzstruktur der beste Weg sei, sich an verbale Bilder und Ideen zu erinnern. Daher machen die meisten Schüler und Studenten ihre Aufzeichnungen in normaler literarischer Form, etwa nach dem Beispiel der Abb. 31, das die mit der Note »gut« bewerteten Aufzeichnungen eines Universitätsstudenten zeigt.

Unsere neuen Erkenntnisse über die Beziehung zwischen Schlüsselbegriffen und Erinnerung zeigen, daß bei dem linearen Aufzeichnungstyp 90 Prozent der Wörter für Erinnerungszwecke unnötig sind. Dieser erschreckend hohe Prozentsatz erscheint noch absurder, wenn wir uns näher anschauen, was die satzförmigen Standardnotizen zur Folge haben.

1. Es wird Zeit damit vergeudet, Wörter niederzuschreiben, die keinen Wert für das Gedächtnis haben (geschätzter Aufwand: 90 Prozent).
2. Es wird Zeit damit vergeudet, dieselben unnötigen Wörter wieder zu lesen (geschätzter Aufwand: 90 Prozent).
3. Es wird Zeit damit vergeudet, nach den Wörtern zu suchen, die Schlüsselfunktion haben, denn sie werden gewöhnlich

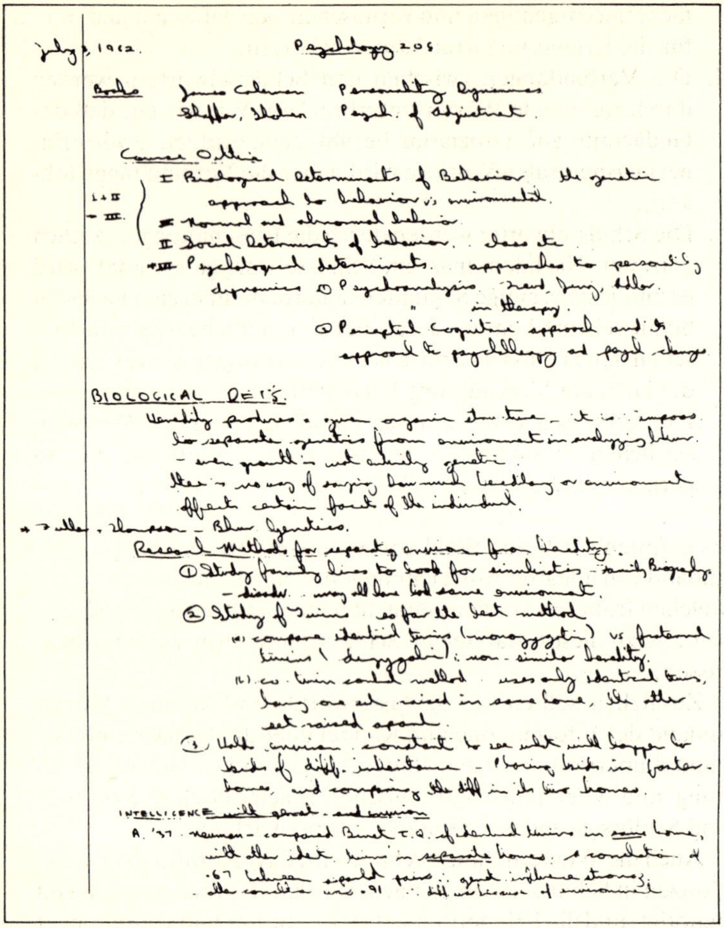
July 9, 1962. Psychology 205

Books James Coleman Personality Dynamics
Shaffer, Shoben Psych. of Adjustment.

Course Outline
I Biological determinants of Behavior the genetic approach to behavior vs environmental.
I + II
→ III.
III Normal and abnormal behavior
II Social Determinants of behavior. class etc.
III Psychological determinants. approaches to personality dynamics ① Psychoanalysis Freud, Jung, Adler.
" in therapy.
② Perceptual cognitive approach and its approach to psychology and psych. change

BIOLOGICAL DET'S.
Heredity produces a given organic structure – it is impossible to separate genetics from environment in analyzing behav.
– even growth is not entirely genetic.
There is no way of saying how much heredity or environment affects certain facet of the individual.
Fuller & Thompson – Behav. Genetics.
Research Methods for separating environ. from heredity.
① Study family lines to look for similarities – family biography.
– disadv. – may all have had same environment.
② Study of Twins so far the best method
(a) compare identical twins (monozygotic) vs fraternal twins (dizygotic): non-similar heredity.
(b) co-twin control method uses only identical twins, having one set raised in same home, the other set raised apart.
③ Hold environ. constant to see what will happen to kids of diff. inheritance – placing kids in foster homes, and comparing the diff in the two homes.
INTELLIGENCE with heredity and environ.
A. '37 Newman – compared Binet I.Q. of identical twins in same home, with other ident. twins in separate homes: correlation of .67 between separated pairs: genet. influence strong;
– the correlation was .91 ∴ diff. was because of environment

Abb. 31 **Ein Beispiel traditionell »guter« Aufzeichnungen eines Universitätsstudenten.**

nicht hervorgehoben und vermischen sich daher mit anderen, für die Erinnerung irrelevanten Wörtern.

4. Die Verbindungen zwischen den Schlüsselwörtern werden durch trennende Wörter unterbrochen. Wir wissen, daß das Gedächtnis auf Assoziation beruht. Jede Einfügung von erinnerungsneutralen Wörtern wird daher die Verbindungen lockern.

5. Die Schlüsselwörter werden durch die Einschaltungen zeitlich getrennt. Nachdem man ein Schlüsselwort gelesen hat, wird es mindestens einige Sekunden dauern, bis man zum nächsten Schlüsselwort kommt. Je größer der zeitliche Abstand zwischen den Schlüsselwörtern ist, um so geringer ist die Chance, die korrekte Verknüpfung herzustellen.

6. Die Schlüsselwörter werden räumlich getrennt. Wie beim zeitlichen Abstand gilt: Je größer die Entfernung, um so geringer ist die Chance einer korrekten Verbindung.

Es empfiehlt sich, die Wahl von Schlüsselwörtern und -phrasen anhand von linearen Aufzeichnungen zu üben, die Sie bei irgendwelchen früheren Studien gemacht haben. Hilfreich wird es auch sein, jetzt dieses Kapitel in Schlüsselnotizform zusammenzufassen.

Zusätzlich sollten Sie Schlüsselwörter und kreative Wörter anhand der Informationen im Kapitel über das Gedächtnis noch einmal überprüfen. Dabei sollten Sie besonders auf die Beziehung und Verwandtschaft zwischen mnemonischen Systemen und Schlüssel- und Kreativitätskonzepten achten.

Auch die Wiederholungstechnik wird davon profitieren, wenn Notizen in Schlüsselform gemacht werden. Es wird weniger Zeit benötigt, und die Erinnerung selbst wird besser und vollständiger sein. Schwache Verbindungen können schon in einem frühen Stadium verstärkt werden.

Schließlich sollte besonders auf gute Verknüpfung der Schlüsselwörter und -begriffe untereinander geachtet werden. Die Listenform sollte man daher möglichst vermeiden. Im folgenden Kapitel werden wir moderne Methoden der Verknüpfung und Strukturierung von Schlüsselwörtern ausführlich behandeln.

Persönliche Notizen

B: Mind Maps für Erinnerung und kreatives Denken

Überblick

- **Übung**
- **Wort und Schrift gelten traditionell als lineare Prozesse**
- **Kontrast: Die Struktur des Gehirns**
- **Moderne Aufzeichnungstechniken**

Übung

Bereiten Sie einen halbstündigen Vortrag über das Thema Raumfahrt vor, und machen Sie sich Notizen über das Konzept. Beschränken Sie sich dabei auf fünf Minuten, auch wenn Sie in dieser Zeit nicht fertig werden. Notieren Sie anschließend die Probleme, die Sie bei der Durchführung dieser Aufgabe hatten.

Notizen über Raumfahrt

Wort und Schrift gelten traditionell als lineare Prozesse

In den letzten Jahrhunderten hat man allgemein angenommen, daß der menschliche Geist in einer linearen oder listenförmigen Weise arbeitet. Diese Ansicht wurde durch die wachsende Bedeutung von zwei Kommunikationsmethoden, dem Gespräch und dem gedruckten Wort, bestärkt.

Im Gespräch sind wir durch die Fakten Zeit und Raum darauf beschränkt, ein Wort nach dem anderen zu hören und zu sprechen. Das Gespräch wurde daher als ein linearer oder listenförmiger Prozeß zwischen Menschen verstanden. (Siehe Abb. 32).

Die gedruckte Schrift und das Buch betonten sogar noch stärker das lineare Prinzip. Nicht nur war der Mensch gezwungen, Wort- und Satzeinheiten in konsekutiver Ordnung aufzunehmen, die Druckschriften wurden auch in einer Folge von Linien oder Reihen auf einzelnen Seiten dargeboten.

Diese Betonung des Linearen bestimmte auch die Methoden des Schreibens und Aufzeichnens. Praktisch jeder wurde (und wird heute noch) in der Schule dazu erzogen, Notizen in Sätzen oder vertikalen Listen anzufertigen. Die meisten Leser werden wahrscheinlich ihren halbstündigen Vortrag über die Raumfahrt

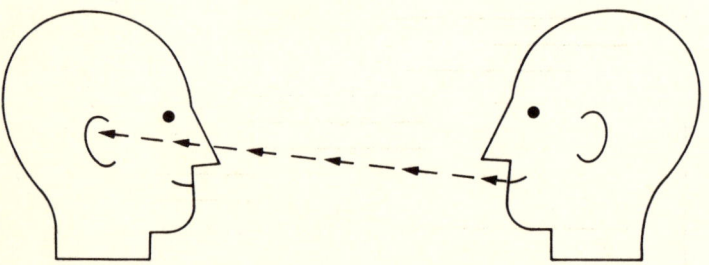

Abb. 32 **Das Gespräch galt traditionell als ein linearer Prozeß.**

A Normale Linienstruktur – auf Satzbasis

B Standard-Listenstruktur – nach Bedeutungsprinzip geordnet.

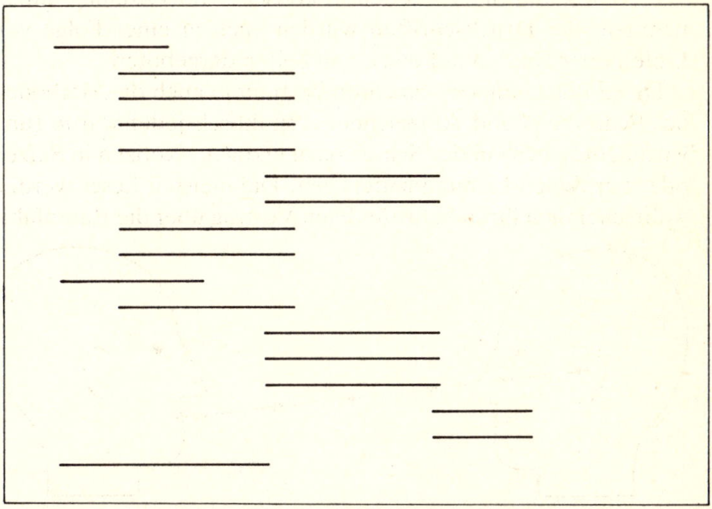

Abb. 33 **Standardformen »guter« oder »klarer« Aufzeichnungen.**

in einer der beiden Formen vorbereitet haben, die in Abb. 33 gezeigt werden. Die Annahme, daß der Denkprozeß in dieser Form abläuft, war so fest verwurzelt, daß sie kaum auf Widerspruch stieß.

Neuere Untersuchungen haben jedoch gezeigt, daß das Gehirn weit mehr in multidimensionaler und strukturbildender Weise arbeitet. Das legt die Vermutung nahe, daß in der auf der Linearität von Wort und Schrift basierenden Argumentation fundamentale Fehler enthalten sein müssen.

Das Argument, daß das Gehirn wegen der Gesprächsstrukturen, die es entwickelt hat, linear funktionieren muß, stellt die Natur des Organismus nicht in Rechnung – ein Fehler, den auch die Befürworter der absoluten Richtigkeit von IQ-Tests machen. Es ist einleuchtend und unbestreitbar, daß die Worte, die vom Sprecher zum Hörer wandern, einen linearen Weg nehmen; aber das ist nicht der entscheidende Punkt. Entscheidend ist die Frage: Wie funktionieren das Gehirn, das Wörter sendet, und das Gehirn, das Wörter empfängt, *intern* bei diesem Vorgang?

Die Antwort ist, daß das Gehirn ganz sicher nicht in der simplen Art von Listen und Linien arbeitet. Sie können das leicht nachprüfen, indem Sie beobachten, welche Denkprozesse bei Ihnen ablaufen, während Sie mit jemandem sprechen. Sie werden feststellen, daß sich während eines Gesprächs ein kontinuierlicher und enorm komplexer Prozeß von Sortieren und Auswählen in Ihrem Geist vollzieht, obwohl nur eine Linie von Wörtern schließlich herauskommt. Ganze Netzwerke von Wörtern und Ideen werden »jongliert« und miteinander verknüpft, um dem Gesprächspartner eine bestimmte Information mitzuteilen.

Ein ähnlicher Prozeß spielt sich beim Zuhörer ab. Er nimmt nicht einfach eine lineare Aneinanderreihung von Wörtern auf, sondern empfängt jedes Wort im Kontext der es umgebenden Wörter. Gleichzeitig wählt er aus der Bedeutungsvielfalt jedes einzelnen Wortes seine eigene spezielle Interpretation, die ihm durch sein persönliches Assoziationsnetz diktiert wird, und während dieses Prozesses analysiert, verschlüsselt und beurteilt er.

Sie werden wahrscheinlich schon öfter die Erfahrung gemacht

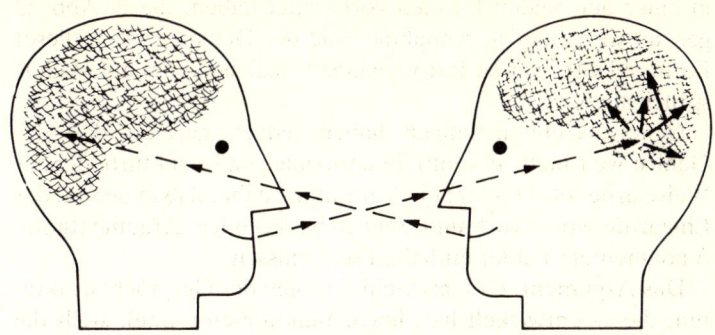

Abb. 34 **Das Netzwerk in unserem Gehirn – nicht der einfache Ablauf der Wortdarstellung – ist entscheidend für den Prozeß der mündlichen Kommunikation.**

haben, daß Menschen auf Wörter, die Ihnen selbst gefielen oder die Sie jedenfalls für harmlos hielten, abwehrend reagierten. Sie reagieren deshalb so, weil die Assoziationen, die diese Wörter bei ihnen auslösen, sich von Ihren eigenen unterscheiden. Diese Erkenntnis wird Ihnen helfen, Meinungsverschiedenheiten und Mißverständnisse, die sich im Gespräch durch Assoziationsdifferenzen ergeben, auszuräumen.

Auch das Argument der linearen Präsentation von Büchern und Druckschriften ist nicht stichhaltig. Trotz der unbestrittenen Tatsache, daß wir Informationseinheiten beim Lesen konsekutiv, eine nach der anderen, aufnehmen und daß sie in linearer Form präsentiert werden, sind Satz- und Listenform von Aufzeichnungen keineswegs für das Verstehen notwendig; sie erweisen sich vielmehr sehr oft als Nachteil.

Der Geist ist durchaus fähig, nicht-lineare Information aufzunehmen. Im Alltagsleben tut er das fast immer, wenn er die Dinge beobachtet, die ihn umgeben. Dazu gehören auch gebräuchliche nicht-lineare Druckformen: Fotos, Illustrationen, Diagramme usw. Nur hat die übertriebene Bedeutung, die unsere Gesellschaft der linearen Information zuschreibt, alle anderen Informationsformen in den Hintergrund gedrängt.

Der nicht-lineare Charakter der Gehirnfunktion wird auch

101

durch die neuere biochemische, physiologische und psychologische Forschung bestätigt. Jeder dieser Forschungsbereiche ist zu dem Ergebnis gekommen, daß der Organismus so komplex und vielfältig verknüpft ist, daß er sich einer endgültigen Beschreibung entzieht.

Die Gehirnfunktion als Grundlage moderner Aufzeichnungstechniken

Damit das Gehirn effizient auf eine Information reagieren kann, muß die Information so strukturiert sein, daß sie möglichst »funktionskonform« ist. Da das Gehirn primär mit Schlüsselbegriffen in einer verknüpften und integrierten Weise arbeitet, sollten unsere Aufzeichnungen in den meisten Fällen in dieser Struktur abgefaßt sein und nicht in traditionellen »Linien«.

Statt oben auf der Seite zu beginnen und sich in Sätzen oder Listen vertikal nach unten zu arbeiten, sollte man in der Mitte mit der Zentralidee beginnen und in den von diesem Zentrum ausgehenden Ästen und Zweigen die Einzelideen in der vom Zentralthema diktierten Form entwickeln.

Eine der Funktionsweise des Gehirns folgende kartographische Darstellung (vom Autor als *Mind Map* bezeichnet, Anm. d. Übers.), wie sie in Abb. 35 skizziert ist, bietet eine Reihe von Vorteilen gegenüber den linearen Aufzeichnungsformen.

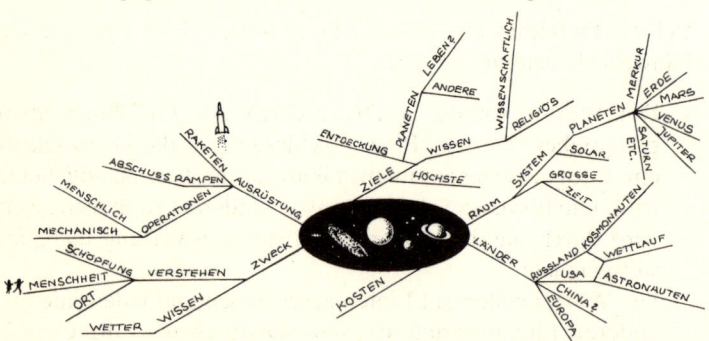

Abb. 35 **Notizen von Initialideen, von einem Zentrum ausfächernd.**

1. Die Zentral- oder Hauptidee wird deutlicher herausgestellt.
2. Die relative Bedeutung jeder Idee tritt sinnfälliger in Erscheinung. Wichtigere Ideen befinden sich in der Nähe des Zentrums, weniger wichtige in den Randzonen.
3. Die Verknüpfungen zwischen den Schlüsselbegriffen werden durch ihre Linienverbindungen leicht erkennbar.
4. Als Ergebnis werden Erinnerungsprozeß und Wiederholungstechnik effektiver und schneller.
5. Die Art der Struktur erlaubt es, neue Informationen leicht und ohne die Übersichtlichkeit störende Streichungen und eingezwängte Nachträge unterzubringen.
6. Jedes Kartenbild ist von jedem anderen nach Form und Inhalt deutlich unterschieden. Das ist für die Erinnerung hilfreich.
7. Im kreativen Bereich des Aufzeichnens, etwa bei der Vorbereitung von Aufsätzen und Reden, erleichtert es das nach allen Seiten offene Kartenschema, neue Ideenverknüpfungen herzustellen.

Um dieses neue Konzept der Aufzeichnungstechnik praktisch zu erproben, sollten Sie nun eine Übung ähnlich der Vorbereitung Ihres Raumfahrtvortrags vom Anfang des Kapitels machen; diesmal aber nicht in linearer Form, sondern nach der *Mind-Map*-Methode. Auf der Leerseite (105) zeichnen Sie in der in Abb. 35 gezeigten Form Ihre Ideen für einen Vortrag über das Thema »Ich« auf.

Bei der Durchführung dieser Übung sollten Sie einige formale Hinweise beachten:

1. Die Wörter sollten in Druckschrift mit Großbuchstaben geschrieben werden. Beim Nachlesen gibt die Druckschrift ein fotografischeres, unmittelbareres und verständlicheres Bild. Die für diese Schriftart aufzuwendende zusätzliche Zeit wird durch die Zeitersparnis bei der Auswertung mehr als wettgemacht.
2. Die Wörter sollen auf Linien geschrieben und jede Linie mit anderen Linien verbunden sein. Dadurch wird die Grundstruktur des *Mind Map* deutlich.

3. Wörter sollten in Einheiten angeordnet sein, ein Wort je Linie. Das läßt für jedes Wort mehr offene »Haken« und gibt den Aufzeichnungen mehr Freiheit und Flexibilität.
4. Bei kreativen Tätigkeiten dieser Art sollte der Geist möglichst »frei« gehalten werden. Jedes »Nachdenken« darüber, wohin Dinge gehören oder ob sie überhaupt eingebracht werden sollen, wird den Prozeß verlangsamen. Sie sollten alles, woran Sie im Zusammenhang mit der Zentralidee denken, festhalten. Da Ihr Geist Ideen schneller produziert, als Sie schreiben können, dürfte es fast keine Pause geben. Wenn eine Pause eintritt, werden Sie wahrscheinlich bemerken, daß Ihr Bleistift oder Federhalter ziellos herumwandert. Sobald Sie das bemerken, zwingen Sie sich, weiterzumachen. Kümmern Sie sich nicht um Ordnung oder Organisation; denn sie ergeben sich in vielen Fällen von selbst. Außerdem können Sie am Ende der Übung die Anordnung korrigieren.

Beginnen Sie jetzt mit der Übung.

Obwohl der erste Versuch einer *Mind-Map*-Aufzeichnung wahrscheinlich ein wenig schwierig war, werden Sie doch festgestellt haben, daß Ihr Verstand einen ganz anderen Denkprozeß durchgeführt hat als bei der linearen Übung und daß Sie auch mit ganz anderen Problemen konfrontiert waren.

Bei der ersten Übung betrafen die Probleme vor allem:

Ordnung	**Organisation**
logische Sequenz	**Zeiteinteilung**
Anfang	**Gewichtung der Ideen**
Schluß	**Denkblockade**

Diese Probleme entstehen, weil man sich bemüht, die Hauptbegriffe und -ideen nacheinander auszuwählen und gleichzeitig thematisch zu ordnen – man versucht, eine Struktur des Vortrags zu erarbeiten, bevor man alle verfügbaren Informationen besitzt. Das muß unvermeidlich zu Verwirrung und zu den erwähnten Problemen führen; denn neue Informationen, die erst

Ich

im Verlauf der Arbeit auftauchen, können plötzlich das ganze Konzept über den Haufen werfen. Bei einer linearen Methode hat das sehr unangenehme Auswirkungen, während es bei der kartographischen Technik lediglich Teil eines Gesamtprozesses ist und mühelos eingeordnet werden kann.

Ein anderer Nachteil der Listenmethode ist, daß sie konträr zur Funktionsweise des Gehirns arbeitet. Ideen werden im Kontext eines vorgegebenen Schemas gesucht und in die Liste eingetragen. Damit sind sie erledigt und vergessen, und man macht sich auf die Suche nach neuen Ideen. Das hat zur Folge, daß die Bedeutungsvielfalt und die assoziativen Möglichkeiten der einzelnen Wörter abgeschnitten werden und ungenutzt bleiben. Sie stehen für den kreativen Prozeß nicht mehr zur Verfügung.

Bei der kartographischen Methode bleibt jede Idee als eine völlig offene Möglichkeit erhalten, so daß die Karte organisch in voller Freiheit wächst, statt immer mehr eingeengt zu werden. Es dürfte Ihnen interessante Aufschlüsse geben, wenn Sie jetzt Ihre Leistung mit der von drei englischen Schülern vergleichen. (Siehe Abb. 36–38.)

Abb. 36 zeigt die Normalschrift eines 14jährigen Jungen, der als ziemlich intelligent, aber unordentlich, konfus und geistig desorganisiert beschrieben wurde. Das Muster seiner linearen Notiz bestätigt diese Beurteilung. Sein *Mind-Map*-Konzept, das er in fünf Minuten zu Papier brachte, zeigt aber ein ziemlich konträres Bild. Ein Beispiel, daß wir ein Kind oft falsch beurteilen, wenn wir ihm eine bestimmte Ausdrucksmethode aufzwingen.

Abb. 37 zeigt das *Mind-Map*-Konzept eines Jungen, der zweimal im Fach Wirtschaftslehre ungenügende Noten erhalten hatte. Der Lehrer hatte ihm erhebliche Denk- und Lernprobleme und eine fast völlige Unkenntnis des Lehrstoffes bescheinigt. Sein *Mind Map*, das er ebenfalls in fünf Minuten anfertigte, beweist das genaue Gegenteil.

Abb. 38 zeigt das von einer sehr gut beurteilten Mittelschülerin erarbeitete *Mind Map* über »Reine Mathematik«. Als diese

Arbeit einem Mathematikprofessor vorgelegt wurde, beurteilte er sie als ausgezeichnete Leistung eines Universitätsstudenten und schätzte den Zeitaufwand auf etwa zwei Tage. Tatsächlich hatte das Mädchen nur zwanzig Minuten dafür gebraucht. Die *Mind-Map*-Methode befähigte sie, eine außerordentliche Kreativität bei einem Stoff zu entwickeln, der normalerweise als trocken, langweilig und phantasietötend empfunden wird. Das Resultat hätte noch besser sein können, wenn die einzelnen Linien nur Worteinheiten statt mehrwörtiger Phrasen enthalten hätten. Die Verwendung von Figuren und geometrischen Formen zur Vergrößerung des Wortpotentials gibt einen Hinweis auf die vielen Gestaltungsmöglichkeiten innerhalb dieser Strukturen. Das folgende Kapitel befaßt sich mit den Variationen der *Mind-Map*-Technik.

7) SETTING — Time + places in which the novel is situated

8) IMAGERY — the kind of images the author uses to describe (usually by simile or metaphor)

9) SYMBOLISM — One thing stands for another
The witches in Macbeth signifying evil

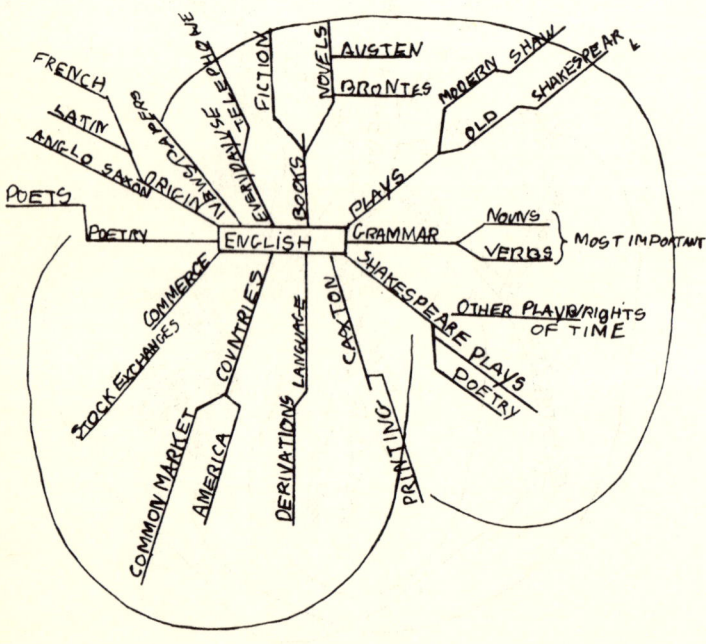

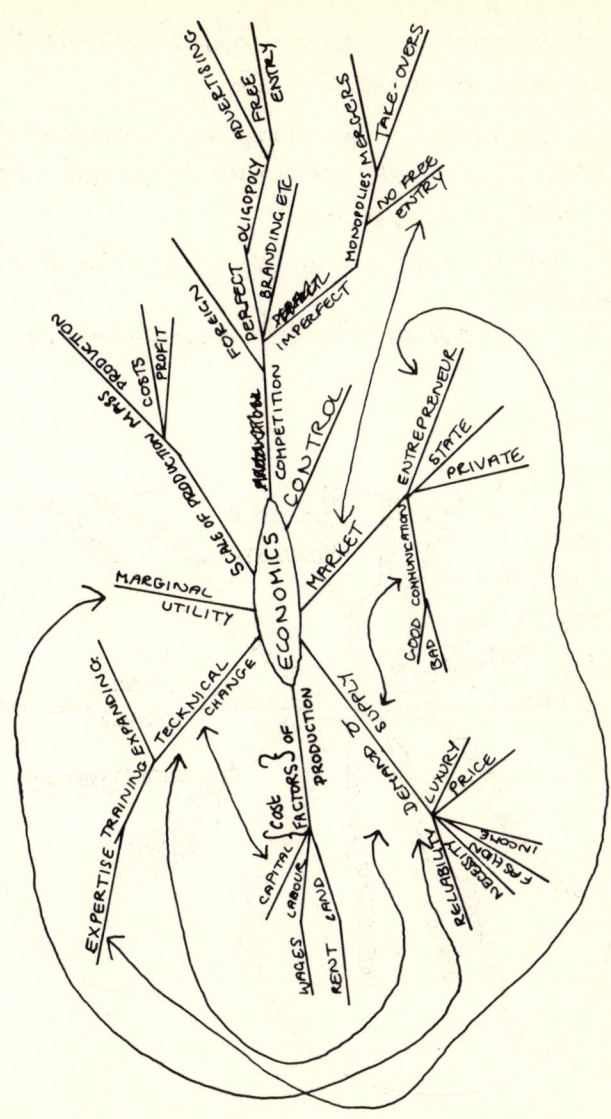

Abb. 37 **Mind Map eines schlecht beurteilten Schülers über das Thema »Wirt-schaft«.**

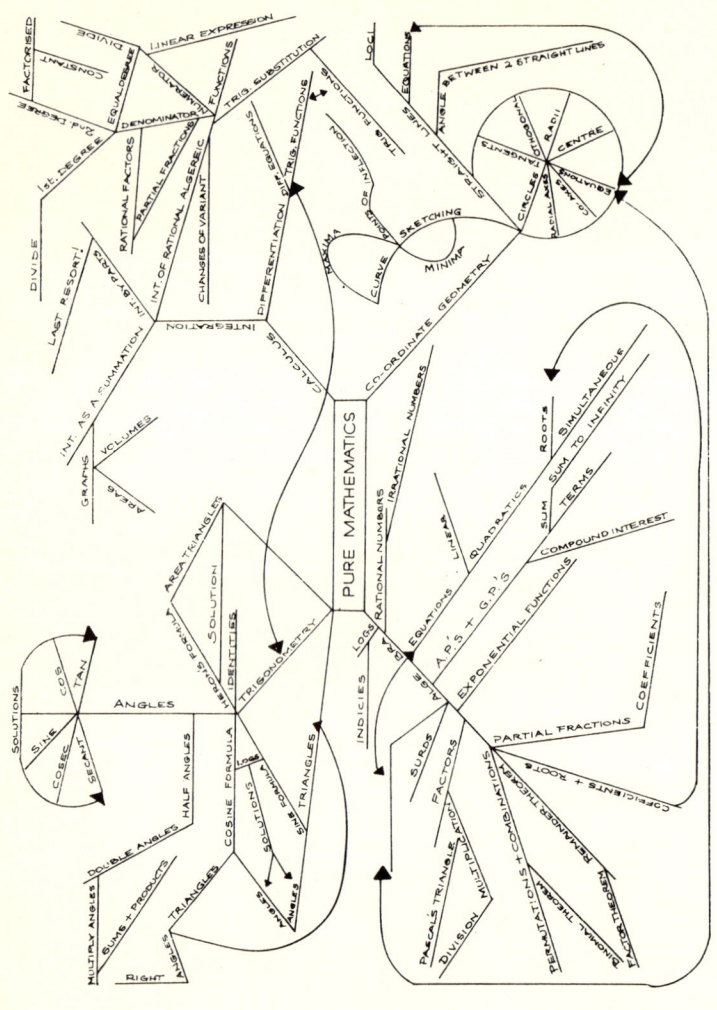

Abb. 38 **Mind Map einer sehr gut benoteten Schülerin über das Thema »Reine Mathematik«.**

110

Persönliche Notizen

Die *Mind Maps* auf den folgenden Seiten stellen eine neue Aufzeichnungsmethode dar.

Es sind vier farbige Kartogramme, die einen Abriß über die ersten vier Kapitel dieses Buches geben.

Eine fünfte Seite ist als Leerseite angefügt, auf der Sie selbst ein *Mind Map* des Kapitels 5 anfertigen sollen.

In diesen *Mind Maps* sind Schlüsselwörter und -bilder untereinander verknüpft um ein Hauptzentrum angeordnet (in diesen Fällen das jeweilige Gesamtthema eines Kapitels), und es wird ein geistiges Bild einer ganzen Gedankenkonstruktion aufgebaut.

- Theorie und Methode dieser kartographischen Notizen werden in den Abschnitten B und C des Kapitels 4 ausführlich erörtert.
- Benutzen Sie die Aufzeichnungen für jedes Kapitel als Vorschau. Sie werden das Lesen des Kapitels erleichtern.
- Nach Abschluß eines Kapitels schauen Sie die *Mind-Map*-Notizen noch einmal an. Das ist eine gute Wiederholungsübung und kann Ihnen helfen, sich an das Gelesene zu erinnern.

Kapitel 1

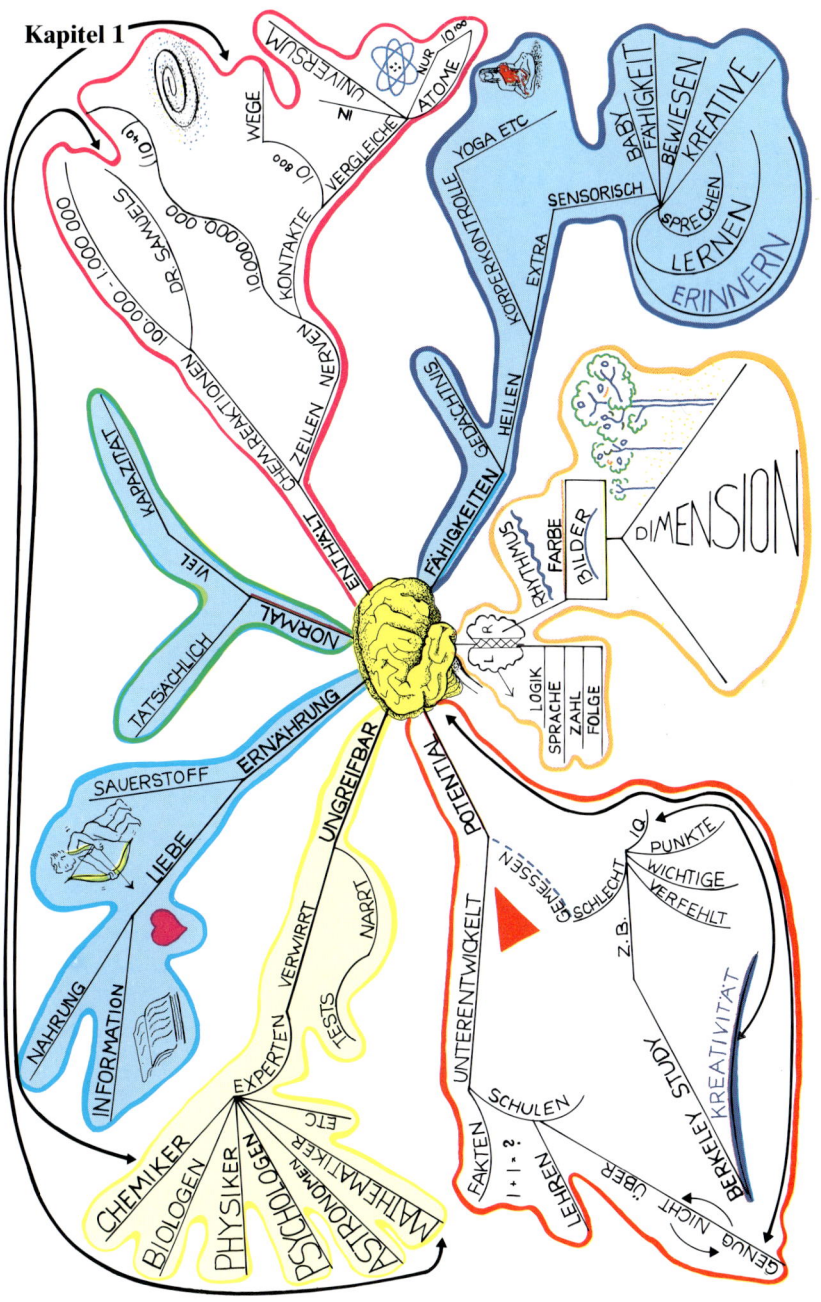

Kapitel 2

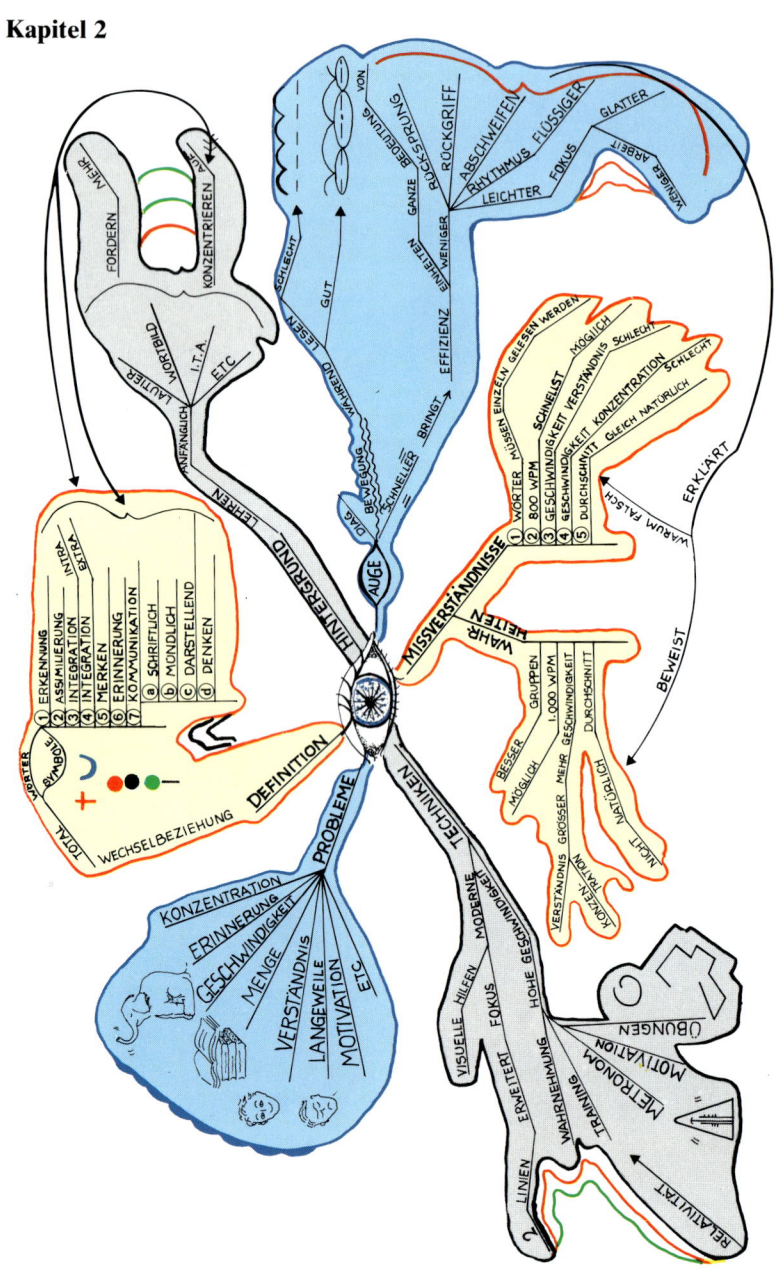

Kapitel 3

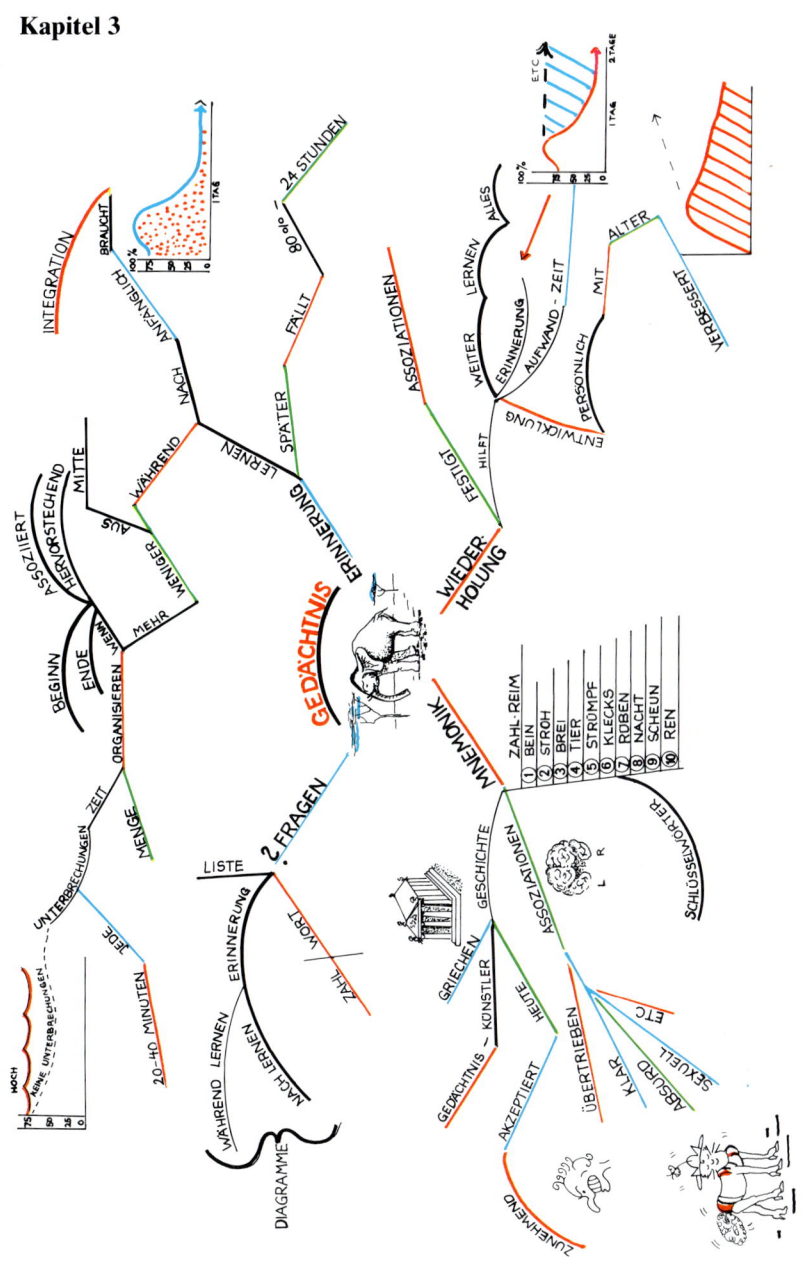

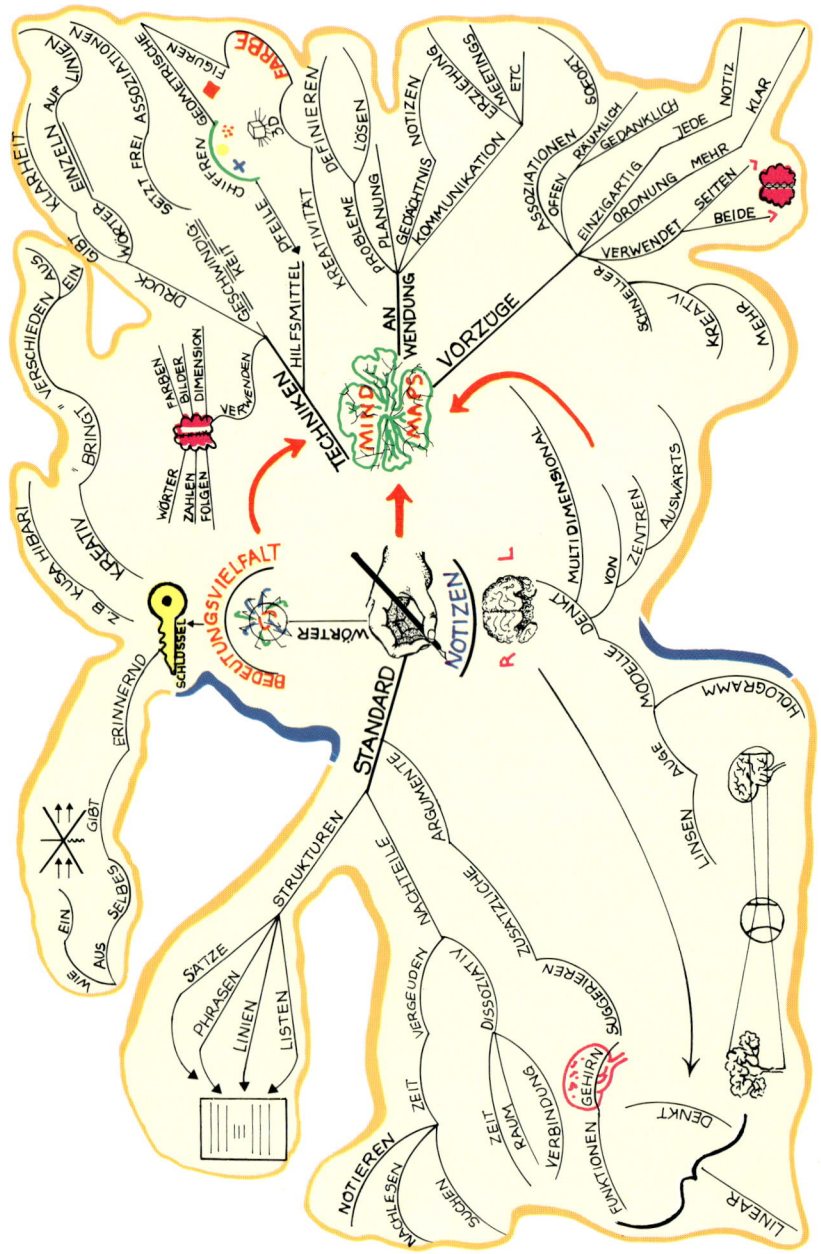

Kapitel 4

Zeichnen Sie Ihr eigenes *Mind Map* zu Kapitel 5

C: *Mind Maps* – Moderne Methoden und Anwendungen

Überblick

- **Modelle für das Gehirn**
- **Technologie und neue Erkenntnisse über uns selbst**
- **Das linke und das rechte Gehirn und die *Mind-Map*-Methode**
- **Moderne Techniken**
- **Weitere Anwendungsmöglichkeiten für kartographische Techniken**

Modelle für Wahrnehmung – Gehirn – Geist

Erst in den fünfziger Jahren dieses Jahrhunderts entdeckte man in der Kamera ein Modell für unsere Wahrnehmung und unsere bildhafte Vorstellung: Die Linsen der Kamera entsprechen den Linsen des Auges und die fotografische Platte dem Gehirn selbst. Diese Auffassung stellte sich allerdings bald als unzulänglich heraus. Sie können das selbst feststellen, wenn Sie die folgenden Übungen machen:

Entpannen Sie sich wie bei einem Wachtraum, und schließen Sie die Augen. Stellen Sie sich einen Lieblingsgegenstand vor. Wenn Sie das Bild vor Ihrem inneren Auge klar erkennen, dann machen Sie folgendes:

- **Lassen Sie das Bild rotieren**
- **Betrachten Sie es von oben**
- **Betrachten Sie es von unten**
- **Ändern Sie mindestens dreimal seine Farbe**

- **Bewegen Sie es von sich fort, als ob Sie es wie aus großer Entfernung sähen**
- **Bringen Sie es wieder nah heran**
- **Machen Sie es riesig groß**
- **Machen Sie es winzig klein**
- **Ändern Sie völlig seine Form**
- **Lassen Sie es verschwinden**
- **Holen Sie es zurück**

Diese Aufgaben können Sie ohne große Schwierigkeiten ausführen. Die komplizierte Apparatur einer Kamera dagegen würde dabei völlig versagen.

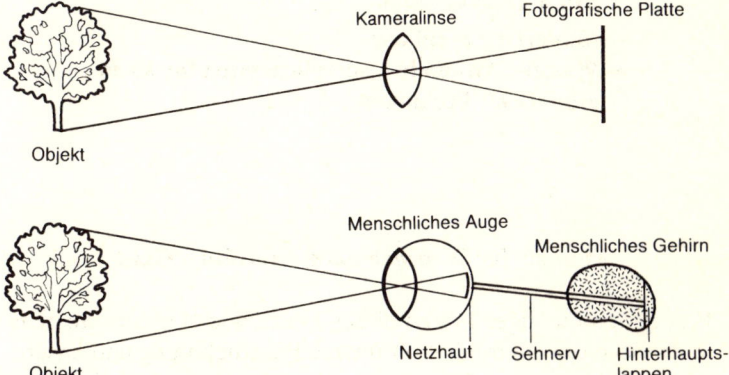

Abb. 39 **Entgegen früherer Auffassung arbeitet das Gehirn in einer viel komplexeren Art als die Kamera.**

Moderne Technologie

Neue technologische Forschungsergebnisse haben uns glücklicherweise eine viel bessere Analogie geliefert: das Hologramm.

Damit Sie sich als Laie ein ungefähres Bild von dieser technischen Neuentdeckung machen können, will ich Ihnen in sehr vereinfachender Form den physikalischen Vorgang zu erklären

119

versuchen. Stellen Sie sich vor, ein besonders konzentrierter Lichtstrahl – ein Laserstrahl – wird in zwei Teile zerlegt. Eine Hälfte des Strahls wird auf die Platte gelenkt, während die andere Hälfte auf das Objekt trifft, von diesem abprallt und auf die andere Hälfte des Strahls zurückgelenkt wird. Eine spezielle holographische Platte registriert die Millionen von Splittern, in die die Strahlen beim Zusammenprall zerspringen. Wenn auf diese Platte frontal in bestimmten Winkeln erneut Laserstrahlen gelenkt werden, entsteht ein Bild des Objektes. Erstaunlicherweise ist dieses Bild aber nicht flach, sondern erscheint wie ein dreidemensionales, im Raum hängendes Duplikat des Objekts. Wenn man dieses Objekt von oben, von unten oder von der Seite anschaut, sieht man es in exakt derselben Weise, wie man das Originalobjekt sehen würde.

Was noch verblüffender ist: Wenn die originale holographische Platte bis zu 90 Grad gedreht wird, können bis zu 90 Bilder von dieser einen Platte ohne Überlagerung aufgenommen werden.

Und um die außergewöhnliche Natur dieser neuen Technologie noch durch ein weiteres Beispiel zu belegen: Wenn man die Platte mit einem Hammer in Stücke schlägt, produziert jeder Splitter der zerschlagenen Platte das vollständige dreidimensionale Bild.

Das Hologramm ist somit ein viel angemesseneres Modell für die Funktionsweise unseres Gehirns, als es die Kamera ist; es gibt uns eine ungefähre Vorstellung davon, wie komplex dieser Organismus beschaffen ist.

Doch selbst dieses äußerst verfeinerte Wunderwerk moderner Technologie kann mit den einzigartigen Fähigkeiten des Gehirns nicht mithalten. Das Hologramm kommt zwar der dreidimensionalen Natur unserer Wahrnehmung näher, aber seine Speicherkapazität ist kümmerlich im Vergleich zu den Millionen Bildern, die unser Gehirn in jedem Augenblick und nach Belieben abrufen kann. Außerdem ist das Hologramm statisch. Es kann keinen der bei unserer letzten Übung beschriebenen Bewegungsabläufe vollziehen, die das Gehirn so mühelos bewältigt. Und selbst wenn das Hologramm all das leisten könnte, würde es doch nicht fähig sein, zu tun, was der Mensch kann: sich selbst mit geschlossenen Augen bei der Durchführung dieser Tätigkeit zuzusehen!

Es sollte uns nachdenklich machen, daß unsere so hochentwickelte Wissenschaft noch so wenige Fortschritte auf diesem interessantesten Gebiet der modernen Forschung gemacht hat.

Moderne *Mind-Map*-Methoden

Die Tatsache, daß unser Gehirn Informationen um so besser verarbeitet, je funktionskonformer sie gestaltet sind, führt uns in Verbindung mit der soeben beschriebenen dreidimensionalen Natur unserer Wahrnehmung zu der Erkenntnis, daß Aufzeichnungen weit besser verstanden, beurteilt und erinnert werden, wenn sie selbst »holographisch« und kreativ sind.

Es gibt viele Möglichkeiten, *Mind Maps* mit graphischen Mitteln anschaulich und leichter verständlich zu machen.

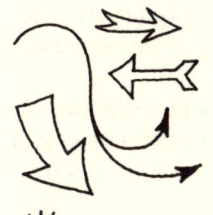

Pfeile

Sie können benutzt werden, um die Verbindung von Begriffen zu zeigen, die an verschiedenen Stellen einer Karte erscheinen. Der Pfeil kann eine oder mehrere Spitzen haben und vorwärts oder rückwärts gerichtet sein.

Symbole

Sternchen, Ausrufezeichen, Kreuze, Fragezeichen und andere graphische Zeichen können neben Wörter gesetzt werden, um Verbindungen oder Hervorhebungen anzuzeigen.

Geometrische Figuren

Quadrate, Rechtecke, Kreise, Ellipsen usw. können verwendet werden, um Bereiche oder Wörter zu markieren, die ihrer Natur nach ähnlich sind – z. B.

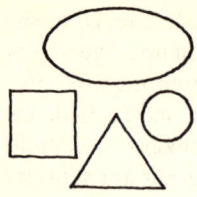

könnte man durch Dreiecke Bereiche möglicher Lösung in einer Problemlösungsaufgabe kennzeichnen. Geometrische Figuren können auch benutzt werden, um Bedeutungsstufen zu zeigen. Man benutzt zum Beispiel manchmal ein Quadrat für die Zentralidee; Rechtecke für nächstrangige Ideen; Dreiecke für Ideen minderer Bedeutung usw.

Perspektivische Dreidimensionalität

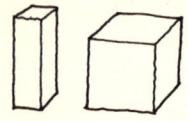

Jede der erwähnten geometrischen Figuren und viele andere können perspektivisch gezeichnet werden. Man kann zum Beispiel ein Quadrat als Kubus erscheinen lassen. Die räumliche Wirkung hebt geometrische Figuren besonders stark heraus.

Kreative Bilder

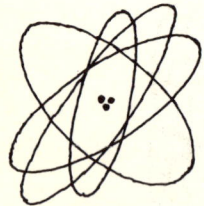

Zeichnungen können durch thematische Aspekte kreativ gestaltet werden. In einem Kartogramm über Atomphysik zum Beispiel hat man die Zentralidee durch einen von Elektronen umgebenen Atomkern dargestellt.

Farbe

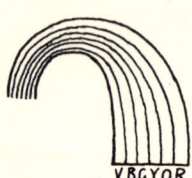

Farbe ist besonders geeignet als Gedächtnis- und Kreativitätshilfe. Man kann mit ihr, wie mit dem Pfeil, Verbindungen von Begriffen zeigen, die an verschiedenen Stellen der Karte erscheinen. Man kann sie auch benutzen, um Abgrenzungen größerer Bereiche zu markieren.

Das linke und rechte Gehirn und die Mind-Map-Methode

An dieser Stelle dürfte der Hinweis nützlich sein, daß die neueste Gehirnforschung den Argumenten für die Vorzüge der *Mind-Map*-Methode einen starken Rückhalt gibt. Wir haben schon mehrfach darauf hingewiesen, daß das Gehirn Informationen am

122

besten verarbeitet, die leicht integrierbar sind. Die Untersuchungen von Roger Sperry und Robert Ornstein über die unterschiedlichen Funktionen der linken und rechten Gehirnhälfte führen zu der eindeutigen Schlußfolgerung, daß eine Technik des Aufzeichnens – und der Organisation des Denkens –, die alle Fähigkeiten des Gehirns nutzen will, sich nicht nur auf Wörter, Zahlen, Ordnung, Folge und Linearität stützen darf, sondern auch Farbe, Bilder, Dimensionen, Symbole, visuelle Rhythmen usw. einbeziehen muß. Und eben das tun *Mind-Maps*.

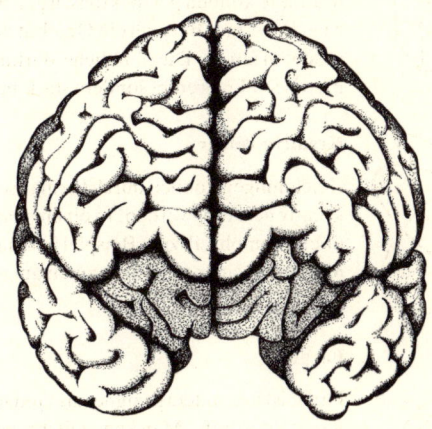

Abb. 40 **Das linke und rechte Gehirn.**

Aus welcher Perspektive man auch an diese Frage herangeht – ob man von der Natur der Wörter und der Information ausgeht, von der Funktion der Erinnerung, von holographischen Modellen des Gehirns oder von den Ergebnissen der Gehirnforschung –, die Schlußfolgerungen sind letzten Endes identisch: Um die Kapazität des Gehirns voll zu nutzen, müssen wir jedes der Elemente, aus denen sich das Ganze aufbaut, berücksichtigen und sie alle in ein einheitliches Gesamtkonzept integrieren.

Anwendungsmöglichkeiten der
Mind-Map-Methode

Die *Mind-Map*-Methode lehnt sich eng an die Funktionsweise des Gehirns an; sie kann daher in fast allen Bereichen eingesetzt werden, bei denen Denken, Erinnern, Planen oder Kreativität gefordert sind. Abb. 41 ist ein *Mind Map* über die Anwendungsmöglichkeiten von *Mind Maps*. Sie zeigt eine große Variationsbreite. Für eine detaillierte Erklärung jedes einzelnen dieser Aspekte würde man ein eigenes Buch benötigen. Wir wollen uns in diesem Kapitel darauf beschränken, die Anwendung von *Mind Maps* zur Vorbereitung von Vorträgen, Abhandlungen, Examensarbeiten, für Meetings oder Meinungsaustausch sowie für Aufzeichnungen und Notizen zu erläutern.

Mind Maps zur Vorbereitung von Vorträgen, Artikeln usw.

Viele Menschen, denen man zum erstenmal ein *Mind Map* zeigt, nehmen an, daß man es nicht für lineare Zwecke, etwa für die Vorbereitung eines Vortrags oder das Schreiben eines Artikels, verwenden kann. Das ist ein Irrtum. Wenn Sie das *Mind Map* über dieses Kapitel auf Seite 116 anschauen, begreifen Sie schnell, wie die Aufgabe gelöst werden kann.

Sobald das *Mind Map* fertiggestellt ist, sind alle erforderlichen Informationen sofort verfügbar. Man muß jetzt nur noch entscheiden, in welcher Ordnung die Informationen präsentiert werden sollen. Das *Mind Map* bietet dafür viele Möglichkeiten an. Wenn die Wahl getroffen ist, kann jeder Bereich mit einer anderen Farbe eingekreist und in der richtigen Reihenfolge numeriert werden. Man benutzt das *Mind Map* nun als Konzept für die schriftliche oder mündliche Darstellung, indem man der Reihe nach die Bereiche abhandelt, Punkt für Punkt, der Logik der sich verzweigenden Verbindungen folgend. Dadurch ist das Problem, mehrere Entwürfe bis zur endgültigen Fassung anfertigen zu müssen, eliminiert – alles Sammeln und Ordnen ist bereits im *Mind-Map*-Stadium erledigt. Durch Anwendung dieser Tech-

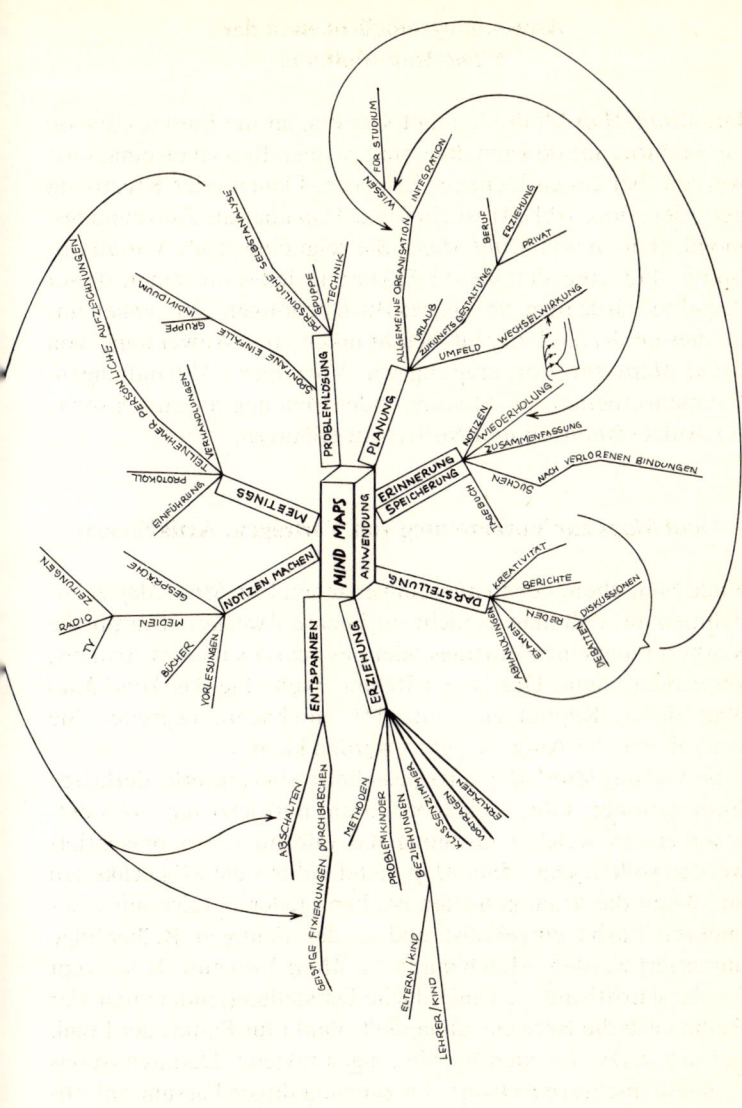

Abb. 41 **Ein *Mind Map* über die Anwendungsmöglichkeiten von *Mind Maps.***

125

niken waren Studenten der Oxford University in der Lage, Examensarbeiten in einem Drittel der sonst benötigten Zeit fertigzustellen und dabei noch bessere Zensuren zu erzielen.

Das Anfertigen von Aufzeichnungen

Es ist ratsam, für Aufzeichnungen zwei Blätter nebeneinander zur Verfügung zu haben. Das linke Blatt sollte für *Mind-Map*-Notizen benutzt werden, das rechte Blatt für lineare und graphische Informationen, etwa Formeln, Listen, Diagramme usw.

Wenn man sich Notizen macht, besonders bei Vorträgen, sollte man daran denken, daß Schlüsselwörter und -bilder im wesentlichen alles sind, was man dazu braucht. Man sollte sich auch darüber im klaren sein, daß die endgültige Struktur erst am Schluß deutlich wird. Alle Notizen werden daher in ihrer Originalfassung Entwurfscharakter haben. Die ersten Wörter, die man niederschreibt, dürften ziemlich unzusammenhängend sein, bis das Thema des Vortrags genauer umrissen ist. Man muß sich übrigens erst daran gewöhnen, daß die Notizen ihrer Natur nach weniger »ordentlich« aussehen als die traditionellen, sauber und klar organisiert wirkenden linearen und listenförmigen Notizen. (Siehe Abb. 33 im vorigen Kapitel.) Viele Menschen haben ein Vorurteil gegen das auf den ersten Blick konfus, unübersichtlich und verschachtelt wirkende Kartogramm. Aber diese Unordnung ist rein formaler, nicht inhaltlicher Natur.

Wenn wir uns Notizen machen, ist in erster Linie der Inhalt und nicht die Form von Bedeutung. »Ordentlich« aussehende Notizen sind nach Informationsmaßstäben oft »unordentlich«. Wie wir wissen, ist die Schlüsselinformation versteckt, aus dem Zusammenhang gerissen und mit vielen für die Information irrelevanten Wörtern gebündelt. Die *Mind-Map*-Notizen, die äußerlich so »unordentlich« ausschauen, zeigen unmittelbar die wichtigen Begriffe, die Verbindungen und in manchen Fällen auch Berichtigungen und Einwendungen.

Mind-Map-Notizen sind in ihrer endgültigen Form gewöhnlich klar und übersichtlich. Man braucht selten mehr als zehn Minu-

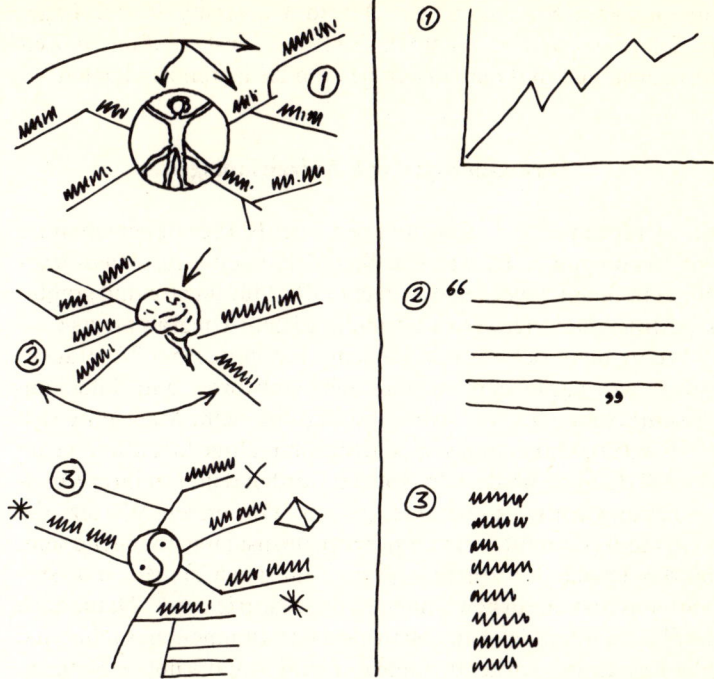

Abb. 42 **Empfohlene allgemeine Form für Notizen. Zwei Blätter sollten nebeneinander benutzt werden, eines für *Mind Maps,* das andere für graphische oder lineare Informationen. Diese Musternotizen über das Thema »Körper, Geist und Seele« mögen auf den ersten Blick unordentlich aussehen; aber sie sind tatsächlich klarer als traditionelle »saubere« Notizen.**

ten, um Notizen über einen einstündigen Vortrag auf ein neues Blatt Papier sauber zu übertragen. Diese abschließende Rekonstruktion ist keineswegs eine Zeitverschwendung; denn sie kann zugleich als erste Wiederholung genutzt werden.

Meetings, vor allem solche, die der Planung und Problemlösung dienen, arten oft in ein kommunikationsloses Palaver aus. Jeder Teilnehmer hört dem anderen nur ungeduldig zu, weil er bestrebt ist, seine eigenen Vorstellungen durchzusetzen. Bei solchen Meetings werden viele ausgezeichnete Ideen übergangen oder vergessen, und es wird viel Zeit verschwendet. Schlimmer noch ist, daß die Vorschläge, die schließlich angenommen werden, nicht unbedingt die besten sind, weil sich die Teilnehmer durchsetzen, die besonders sprachgewandt sind oder die größere Autorität besitzen.

Diese Problematik kann ausgeschaltet werden, wenn die Person, die das Meeting organisiert, sich die *Mind-Map*-Methode zunutze macht. Auf einer gut sichtbaren Tafel sollten das Zentralthema der Diskussion und die wichtigsten Unterthemen in einfacher *Mind-Map*-Form dargestellt werden. Die Teilnehmer des Meetings sollten vorher über die Diskussionsthemen unterrichtet sein, um sich darauf vorbereiten zu können. Jeder Teilnehmer, der seine Vorstellungen dargelegt hat, muß sie anschließend in Schlüsselform zusammenfassen, und das Resultat wird dann auf dem entsprechenden Platz des offenen *Mind Map* eingetragen.

Die Vorteile dieser Diskussionsform sind:

1. Der Beitrag jedes Teilnehmers wird registriert und sichtbar gemacht.
2. Keine Information geht verloren.
3. Die Wichtigkeit der Ideen wird nach sachlichen, nicht nach persönlichen Gesichtspunkten beurteilt.
4. Abschweifungen und langes Geschwafel werden eliminiert, weil jeder Teilnehmer gezwungen ist, selbst das Resümee seiner Ausführungen zu ziehen.
5. Nach dem Meeting besitzt jeder Teilnehmer eine Niederschrift des im Meeting erarbeiteten *Mind Map*. Er wird sich daher am nächsten Morgen oder später leicht das Wesentliche der Diskussion ins Gedächtnis zurückrufen können.

Ein weiterer Vorteil des *Mind Map,* besonders bei Aufzeichnungen über Vorträge und Diskussionen, ist, daß man ständig und aktiv die Entwicklung der Gesamtstruktur verfolgt, statt sich darauf zu beschränken, nur den jeweils letzten Punkt festzuhalten. Dieses größere Engagement führt zu einem viel größeren kritischen und analytischen Geschick, einer viel größeren Integration, einer viel größeren Erinnerungsfähigkeit und einem viel größeren allgemeinen Verständnis.

Persönliche Notizen

5

Buzans
Organische
Studienmethode

Das Thema ist in drei Abschnitte unterteilt:
Einführung, Vorbereitung und Anwendung.

A: Einführung

Überblick

- **Die Probleme, das Studieren »anzugehen«**
- **Gründe für die Angst und die Abneigung mancher Menschen, sich mit Studienbüchern zu befassen**
- **Probleme, die durch die Anwendung von Standardtechniken des Studierens entstehen**
- **Neue Techniken des Studierens**

Ein Problem vor dem Start – die Überwindung der Hemmschwelle

Der Student, der enthusiastisch und bestens motiviert entschlossen ist, von sechs Uhr abends bis Mitternacht zu studieren, ist eine Ihnen wahrscheinlich aus Erfahrung vertraute Figur. Punkt achtzehn Uhr sitzt er an seinem Schreibtisch und organisiert sorgfältig alles, was er für seine Arbeit benötigt. Wenn er sich alles sauber zurechtgelegt hat, ordnet er das Ganze noch einmal neu, was ihm Zeit gibt, die erste Entschuldigung für einen Aufschub zu finden: Er erinnert sich, daß er am Morgen nicht genügend Zeit gefunden hat, die Zeitung gründlich zu lesen. Er kommt zu dem Schluß, daß es besser ist, das Versäumte sofort nachzuholen, damit er sich dann ungestört der Aufgabe des Studierens widmen kann.

Er steht also vom Schreibtisch auf, blättert die Zeitung kurz durch und stellt dabei fest, daß sie doch mehr interessante Artikel enthält, als er gedacht hatte. Außerdem fällt sein Blick auf das Fernsehprogramm, was ihm die Idee für eine schließlich notwendige Unterbrechung des abendlichen Arbeitspensums gibt – vielleicht ein interessantes halbstündiges Programm zwischen 20 Uhr und 20.30 Uhr.

Er findet ein solches Programm, das allerdings schon um 19 Uhr beginnt.

An diesem Punkt überlegt er: »Nun, ich habe einen anstrengenden Tag hinter mir, und es dauert sowieso nicht mehr lange, bis das Programm beginnt. Eine kleine Ruhepause wird mir guttun, und die Entspannung wird mir wirklich helfen, anschließend konzentrierter zu studieren.« Er kehrt um 19.45 Uhr an seinen Schreibtisch zurück, weil der Anfang des nächsten Programms doch auch ganz interessant war.

Er beugt sich, noch etwas unschlüssig, über den Schreibtisch, wobei er durch Trommeln mit den Fingern auf das Buch seine Entschlossenheit zum Studieren bekundet, als ihm einfällt, daß er einen Freund anrufen muß, was am besten sofort erledigt wird.

Das Telefongespräch dauert natürlich viel länger, als ursprünglich beabsichtigt; aber schließlich befindet sich der unerschrockene Studierer um 20.30 Uhr wieder an seinem Schreibtisch.

In diesem Stadium der Handlung setzt er sich dann endgültig zurecht, öffnet das Buch mit einer Geste der Entschlossenheit und beginnt zu lesen (gewöhnlich auf der ersten Seite); doch jetzt melden sich die ersten heftigen Anzeichen von Hunger und Durst. Das darf man nicht leichtnehmen; denn je länger man damit wartet, dieses Bedürfnis zu befriedigen, um so schlimmer werden die Qualen, und um so größer ist die Störung der Konzentrationsfähigkeit.

Die offensichtliche und einzige Lösung dieses Problems ist ein kleiner Imbiß. Der entwickelt sich nach Art der assoziativen Struktur eines *Mind Map*, als mehr und mehr Geschmackselemente sich mit dem Zentralkern des Hungers verbinden. Der Imbiß wird zum Festessen.

Nachdem dieses letzte Hindernis beseitigt ist, kehrt er an den Schreibtisch mit der Gewißheit zurück, daß nichts mehr seine Hingabe an das Studium stören kann. Die ersten paar Sätze auf Seite 1 werden noch einmal durchgelesen ..., als der Studierer realisiert, daß sein Magen entschieden überladen ist und eine zunehmende Schläfrigkeit sich bemerkbar macht. Viel besser, bei dieser Sachlage das andere interessante Halbstundenprogramm um 22 Uhr anzuschauen. Danach dürfte der Verdauungsprozeß im wesentlichen abgeschlossen sein, und er wird sich dann wirklich für den Rest der Zeit ernsthaft seiner Aufgabe widmen können.

Um 24 Uhr finden wir ihn schlafend vor dem Fernseher sitzen.

Und zu diesem Zeitpunkt, als er durch irgend jemanden aufgeweckt wird, der das Zimmer betritt, ist er überzeugt, den Abend gar nicht so übel verbracht zu haben; er hat immerhin eine gute Ruhepause und ein gutes Mahl genossen, ein paar interessante und entspannende Fernsehsendungen gesehen, seine gesellschaftlichen Verpflichtungen einem Freund gegenüber erfüllt, sich angemessen über die Tagesereignisse informiert und alle Hindernisse aus dem Weg geräumt, so daß er morgen um sechs Uhr abends...

Das Studienbuch ist für viele eine Drohung

Die Episode, die wir eben erzählt haben, ist zwar amüsant, ihre Hintergründe aber sind ernst und bedeutsam.

In gewisser Beziehung ist die Geschichte ermutigend; denn die Tatsache, daß das Problem bei uns allen besteht, bestätigt die schon lange gehegte Vermutung, daß jeder Mensch kreativ und erfinderisch ist, daß also die Befürchtungen vieler Menschen, nicht kreativ zu sein, ungerechtfertigt sind. Die in unserem Beispiel demonstrierte Kreativität des lernunwilligen Studenten ist nicht gerade nutzbringend angewendet, doch der Einfallsreichtum und die Originalität, mit denen wir uns Gründe zurechtbasteln, etwas *nicht* zu tun, lassen darauf schließen, daß jeder Mensch eine Fülle von Talenten besitzt, die in mehr positive Bahnen gelenkt werden könnten.

In anderer Hinsicht ist die Geschichte entmutigend, weil sie die weitverbreitete unterschwellige Angst aufzeigt, die die mei-

Abb. 43 **Heute wird der Information mehr Wert und Bedeutung zugeschrieben als dem Menschen. Das Ergebnis ist, daß er geistig überfordert und buchstäblich »erdrückt« wird. Die Informations- und Publikationsexplosion geht weiter, während die Fähigkeit des Menschen zu ihrer Bewältigung vernachlässigt wird. Wenn er mit dieser Situation fertig werden soll, muß er nicht mehr »harte Fakten« lernen, sondern neue Wege finden, Informationen zu verarbeiten – neue Wege, seine natürlichen Fähigkeiten zum Lernen, Denken, Erinnern, zur Kreativität und Problembewältigung zu nutzen.**

sten von uns empfinden, wenn sie mit einem Studientext konfrontiert werden.

Diese Abneigung und Angst sind eine Folge unseres auf Examen basierenden Schulsystems, bei dem das Kind mit Büchern über die im Unterricht behandelten Themen überhäuft wird. Es weiß, daß Unterrichtsbücher »schwieriger« sind als Geschichtenbücher und Romane. Es weiß auch, daß sie eine

Menge Arbeit bedeuten. Und es weiß schließlich, daß seine Kenntnis des Buchinhalts geprüft wird.

Die Tatsache, daß dieser Buchtyp »schwierig« ist, ist in sich selbst schon entmutigend. Die Tatsache, daß er Arbeit repräsentiert, ist ebenfalls entmutigend, weil das Kind instinktiv weiß, daß es unfähig ist, so zu lesen, zu lernen und zu erinnern, wie man es von ihm erwartet.

Und das Bewußtsein, daß man sein Wissen prüfen wird, ist oft die ernsteste der drei Schwierigkeiten. Es ist eine bekannte Tatsache, daß diese Drohung die Funktionsfähigkeit des Gehirns in bestimmten Situationen vollständig unterbinden kann. Es gibt eine enorme Zahl von Menschen, die in einer Examenssituation buchstäblich nichts zu Papier bringen können, obwohl sie den Stoff völlig beherrschen; ebenso viele Menschen haben erhebliche Denkblockaden, durch die während der Examensperiode ganze Wissensgebiete vergessen sind. Und in noch extremeren Fällen haben wir beobachtet, daß Studenten eine ganze zweistündige Prüfungsperiode damit verbrachten, in rasantem Tempo zu schreiben, wobei sie annahmen, daß sie die Fragen beantworteten, während sie in Wirklichkeit immer nur ihren eigenen Namen oder irgendein Wort wiederholten.

Das Kind kann eine von zwei Möglichkeiten wählen: Es kann entweder lernen und dabei eine der genannten Konsequenzen in Kauf nehmen, oder es kann nicht lernen und hat dann eine andere Art von Konsequenzen zu tragen. Wenn es lernt und im Examen versagt, hat es sich als »unfähig«, »unintelligent«, »stupide«, als »Dummkopf« oder wie der bevorzugte Ausdruck gerade lautet, erwiesen. Natürlich trifft das in Wirklichkeit nicht zu; aber das Kind kann ja nicht wissen, daß das System, das es in ungeeigneter Weise testet, und nicht etwa seine eigene Unfähigkeit der Grund für sein Versagen ist.

Wenn das Kind dagegen *nicht* lernt, ist die Situation ganz anders. Wenn ihm bescheinigt wird, daß es bei einem Test oder einem Examen versagt hat, kann es sich einfach darauf berufen, daß es natürlich versagt hat, weil es »nicht gelernt hat und an diesem Zeug sowieso nicht interessiert ist«.

Damit löst es das Problem auf mehrfache Weise:

1. Es vermeidet die Bedrohung seiner Selbstachtung, die das Lernen zur Folge haben kann.
2. Es hat eine perfekte Entschuldigung für sein Versagen.
3. Es gewinnt den Respekt der anderen Kinder, weil es wagt, sich einer Situation zu widersetzen, die ihm Angst macht. Man kann die interessante Beobachtung machen, daß ein solches Kind oft zum Anführer gewählt wird.

Dieses Verhalten führt übrigens oft dazu, daß auch lernwillige Kinder eine gewisse innere Bereitschaft entwickeln, sich ebenso zu verhalten wie das nicht lernende Kind. Und Kinder, die 80 oder 90 Prozent der möglichen Punkte erreichen, gebrauchen genau dieselben Entschuldigungen dafür, daß sie keine 100 Prozent erreicht haben, wie die nicht lernenden Kinder sie für ihr Versagen anführen.

Alte und neue Studienmethoden

Die beschriebenen Situationen sind für die Betroffenen in jedem Fall unbefriedigend. Sie haben die verschiedensten Ursachen, die wir größtenteils in diesem Buch schon erörtert haben. Ein weiterer wichtiger Grund für schlechte Studienergebnisse liegt in der Technik des Studierens und der Art, wie den Studierenden Informationen vermittelt werden.

Wir haben den Menschen mit einer verwirrenden Menge verschiedener Themen oder »Disziplinen« konfrontiert und von ihm verlangt, ein beängstigendes Arsenal von Wissensstoff zu erlernen, zu verstehen und zu erinnern. Sie werden unter Titeln wie Mathematik, Physik, Chemie, Biologie, Zoologie, Botanik, Anatomie, Physiologie, Soziologie, Psychologie, Anthropologie, Philosophie, Geschichte, Geographie, Trigonometrie, Paläontologie usw. angeboten. In jedem dieser Wissensgebiete wurde dem Studenten – und wird es heute noch – eine Menge Daten, Theorien, Fakten, Namen und allgemeine Ideen vermittelt. (Siehe Abb. 44.) Das bedeutet, daß wir in einer völlig einseitigen Weise das Studium und die Informations- und Wissensaufnahme betreiben. (Siehe Abb. 44 und 45.)

Wie wir aus den beiden Abbildungen ersehen können, konzentrieren wir uns viel zu sehr auf Information über die »getrennten« Wissensgebiete. Wir legen auch zuviel Wert darauf, daß die Kenntnis »vorgekauter« Fakten in vorgegebener Ordnung und vorgegebenen Formen, wie standardisierten Prüfungsformularen oder formalen Abhandlungen, nachgewiesen wird.

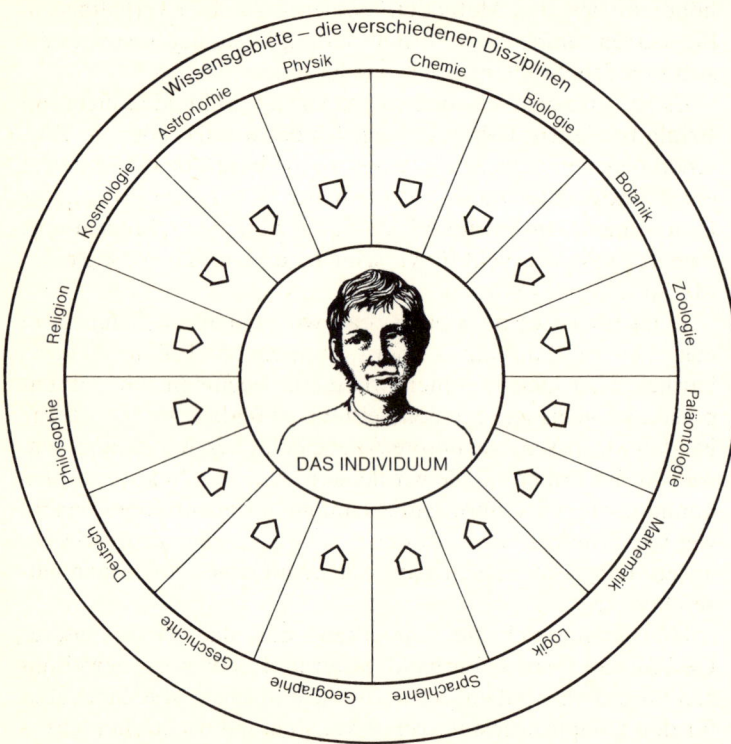

Abb. 44 **Im traditionellen Schulsystem wird Information über die verschiedenen Wissensgebiete gegeben oder »gelehrt«, die das Individuum umgeben. Die Richtung geht vom Lehrstoff zum Individuum – man gibt ihm Information und erwartet, daß es sie so gut wie möglich absorbiert, lernt und erinnert.**

138

Diese Art der Wissensvermittlung fand ihren Niederschlag in standardisierten Studientechniken, die von Schulen, Universitäten, Volkshochschulen und in Lehrbüchern empfohlen wurden. Diese Techniken beruhten auf dem »Gitterprinzip«, das heißt, Bücher aus allen Wissensgebieten wurden stufenweise gleichzeitig durchgearbeitet. Man ging im allgemeinen davon aus, daß ein einigermaßen schwieriges Lehrbuch dreimal durchgelesen werden mußte, um ein volles Verständnis zu erzielen. Dies ist zweifellos ein sehr einfaches Beispiel, aber sogar die vielen höherentwickelten Methoden tendieren zu einer verhältnismäßig starren, unflexiblen Formalisierung – Standardsysteme, die sich in jedem Studienbereich wiederholen.

Es ist offensichtlich, daß solche starren Methoden nicht mit Erfolg bei jedem Lehrbuch angewendet werden können. Zwischen dem Studium eines Textes über Literaturkritik und dem eines Textes über höhere Mathematik besteht ein erheblicher Unterschied. Um vernünftig studieren zu können, braucht man eine Technik, die nicht für verschiedene Materialien die gleiche Methode vorschreibt.

Zunächst ist es notwendig, daß wir vom Individuum selbst ausgehen. Statt uns mit Büchern, Formeln und Prüfungen bombardieren zu lassen, sollten wir damit beginnen, die für uns persönlich geeignete Studienmethode zu finden. Voraussetzung ist, daß wir wissen, wie unsere Augen beim Lesen funktionieren, wie wir uns erinnern, wie wir denken, wie wir effektiver lernen können, wie wir unsere Aufzeichnungen organisieren können, wie wir Probleme lösen können, und ganz allgemein, wie wir unsere Fähigkeiten, gleich auf welchem Gebiet, am besten nutzen können.

Hier drängt sich die Anmerkung auf, daß wir in unserer Gesellschaft Instruktionshandbücher und Bedienungsanweisungen für fast alles haben, selbst für die einfachste Maschine; aber für den kompliziertesten, verwickeltsten und wichtigsten Organismus, uns selbst, wird uns praktisch keine Hilfe angeboten.

Die meisten der in diesem Kapitel angesprochenen Probleme erledigen sich von selbst, wenn wir endlich den Akzent von der Sache auf die Person verlagern, darauf, wie wir die Informationen auswählen, die uns wichtig erscheinen und die wir zu verstehen wünschen. Wir bekommen auf diese Weise das Rüstzeug, um jeden Wissensbereich zu studieren, der für uns interessant oder notwendig ist. Die Dinge müssen nicht »beigebracht« oder »eingepfropft« werden. Jeder Student wird in der Lage sein, den Lehrstoff nach seinen Fähigkeiten und in dem ihm gemäßen Tempo zu bewältigen. Er wird sich um Hilfe und Kontrolle nur dann bemühen, wenn er selbst es für notwendig hält. (Siehe Abb. 45.)

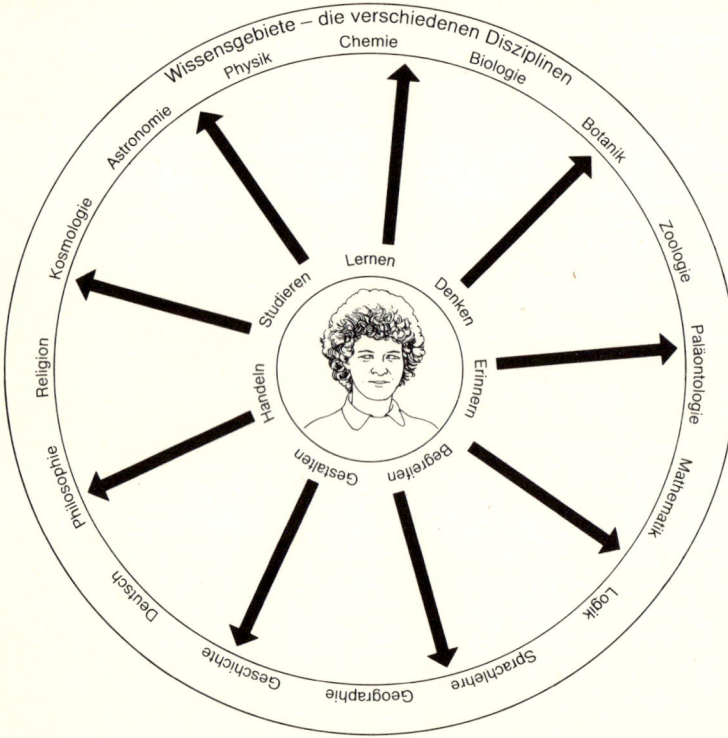

Abb. 45 **Neue Studienformen müssen die Akzente umgekehrt setzen. Bevor wir den Menschen Fakten über andere Dinge lehren, müssen wir ihn erst die Fakten über sich selbst lehren – wie er lernen, denken, erinnern, Probleme lösen und kreativ sein kann.**

Ein weiterer Vorteil dieser Methode besteht darin, daß sie beides, Lehren und Lernen, erleichtert, daß das Studium mehr Freude macht und produktiver wird. Durch die Konzentration auf das Individuum und seine Fähigkeiten wird die Lernsituation endlich in vernünftiger Weise in ihre richtige Perspektive gebracht.

Persönliche Notizen

B: Vorbereitung

Die Organische Studienmethode selbst wird in zwei Abschnitte unterteilt: Vorbereitung und Anwendung. Jeder dieser Abschnitte besteht aus vier Teilen:

Vorbereitung:	Zeit
	Menge
	Wissen
	Fragen
Anwendung:	Überschau
	Vorschau
	Textsichtung
	Nachschau

Es ist wichtig, sich von Anfang an darüber klar zu sein, daß die Hauptschritte zwar in einer bestimmten Ordnung dargestellt werden, daß diese Ordnung aber keineswegs wesentlich ist und daher geändert werden kann, je nach den Erfordernissen der Studientexte.

Dieser Abschnitt befaßt sich mit der Vorbereitung.

Überblick

- **Das Überfliegen**
- **Entscheidung über beste Zeiteinteilung**
- **Bestimmen des Studienumfangs (Menge)**
- **Notieren aller Informationen zum Thema, die der Leser bereits besitzt**
- **Definieren der Ziele und der wesentlichen Gründe für das Studium eines Buches**

Das Überfliegen

Es ist *wesentlich*, daß man vor Beginn des Studiums das ganze Buch (oder die ganze Zeitschrift) »durchblättert« oder »überfliegt«. Man sollte das in der Weise tun, wie man ein Buch durchblättert, das man in einer Buchhandlung zu kaufen oder in einer Bibliothek auszuleihen beabsichtigt. Das heißt mit anderen Worten: flüchtig und ziemlich schnell, aber so, daß man einen allgemeinen Eindruck von dem Buch bekommt, auf Organisation und Aufbau achtet, auf den Schwierigkeitsgrad, auf den Anteil an Diagrammen und Textillustrationen, auf Zusammenfassungen, Schlußfolgerungen, Ergebnisse usw. Besonders nützlich ist die im Kapitel über schnelles Lesen, Übung 7 b, erläuterte Methode, mit einer Lesehilfe jede Seite mit einer Geschwindigkeit von vier Sekunden pro Seite zu überfliegen.

Wenn das Überfliegen beendet ist, kann man die vier Hauptschritte der Vorbereitung effektiver durchführen.

Zeit und Menge

Diese beiden Aspekte können wir gleichzeitig behandeln, denn die theoretischen Grundlagen sind bei beiden sehr ähnlich.

Der erste Schritt ist die Entscheidung über die für das Studium des Buches anzusetzende Zeit. Danach entscheiden wir über die Stoffmenge, die wir in der vorgesehenen Zeit bewältigen können.

Die Tatsache, daß wir soviel Wert auf diese beiden Anfangsschritte legen, ist nicht das Produkt einer willkürlichen Entscheidung, sondern wird durch die Erkenntnisse der Gestaltpsychologie und einige der neueren Forschungsergebnisse der Systemtheorie gestützt. (Bevor Sie weiterlesen, führen Sie bitte die in Abb. 46 geforderte Übung durch.)

Die Gestaltpsychologie entdeckte, daß das menschliche Gehirn eine sehr starke Tendenz aufweist, Dinge zu vervollständigen. Das ist der Grund, weshalb wahrscheinlich die meisten Leser die in Abb. 46 gezeigten Figuren folgendermaßen bezeich-

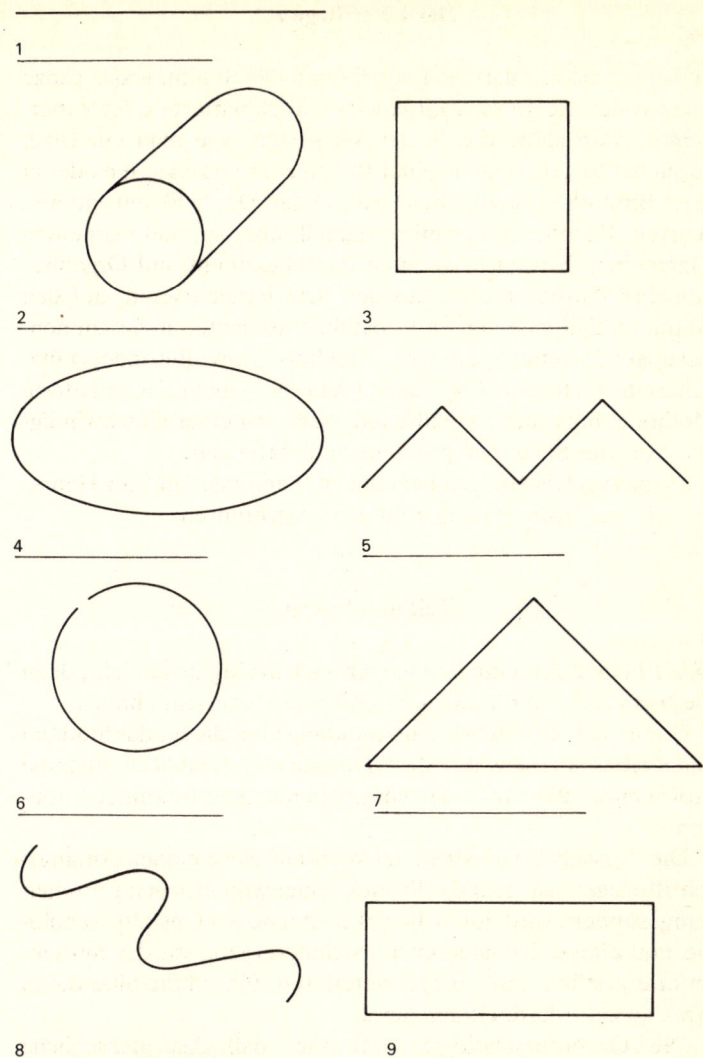

1 _____

2 _____   3 _____

4 _____   5 _____

6 _____   7 _____

8 _____   9 _____

Abb. 46 **Gestalterkennung**
Tragen Sie den Namen jeder der abgebildeten Figuren auf die vorgedruckten Linien ein.

145

nen werden: Gerade, Zylinder, Quadrat, Ellipse oder Oval, Zickzacklinie, Kreis, Dreieck, Wellen- oder Kurvenlinie, Rechteck. In Wirklichkeit ist der »Kreis« kein Kreis, sondern ein »unterbrochener Kreis«. Viele Menschen sehen ihn tatsächlich als Kreis; andere sehen ihn als gebrochenen Kreis, nehmen aber an, daß der Zeichner beabsichtigte, ihn zu vollenden.

Ein etwas abstraktes Beispiel für unser Bestreben, Dinge zu vervollständigen, ist die universale Tendenz von Kindern, eine Sprache aufzubauen, die ihnen hilft, ihre Umgebung zu verstehen und sich eine vollständige Vorstellung von ihr zu machen.

Beim Studium liefert uns die Entscheidung über Zeit und Menge sowohl ein unmittelbares, chronologisch und mengenmäßig abgegrenztes Terrain als auch einen Endpunkt oder ein Ziel. Das hat den zusätzlichen Vorteil, daß es uns in die Lage versetzt, die angemessenen Verbindungen herzustellen, so daß wir nicht ziellos und ohne Kenntnis der Zusammenhänge in das Studium eintreten müssen.

Ein ausgezeichneter Vergleich ist das Hören von Vorlesungen. Ein guter Dozent wird, wenn er ein Kolleg über ein schwieriges Thema hält, gewöhnlich seine Ausgangsposition und seine Zielvorstellung erläutern und oft auch den zeitlichen Rahmen für jeden Abschnitt des Themenkreises abstecken. Die Zuhörer werden automatisch das Gefühl haben, der Vorlesung leichter folgen zu können, weil sie Leitlinien für den thematischen Aufbau besitzen.

Es empfiehlt sich, den Umfang des zu bewältigenden Stoffes durch gut erkennbare Lesezeichen am Anfang und Ende des entsprechenden Buchabschnitts zu markieren. Das erleichtert es, innerhalb dieses Bereichs auf Informationen zurück- oder vorzugreifen.

Ein weiterer Vorzug dieser Anfangsentscheidung über Zeit und Menge ist die Vermeidung der unterschwelligen Angst vor dem Unbekannten. Wenn jemand ein umfangreiches Studienbuch ohne vorherige Planung in Angriff nimmt, wird er ständig die große Zahl der noch zu bewältigenden Seiten als bedrückend empfinden. Jedesmal, wenn er sich zum Studium hinsetzt, wird er feststellen, daß er immer noch »ein paar hundert Seiten vor

146

sich hat«, und dieser Gedanke wird ihm ständig wie eine unbewußte Drohung im Nacken sitzen. Wenn er dagegen eine vernünftige Zahl von Seiten für die zum Studium vorgesehene Zeit ausgewählt hat, wird er beim Lesen immer wissen, daß die Aufgabe, die er sich selbst gestellt hat, leicht zu bewältigen und sicher zu vollenden ist. Der Unterschied in seiner Einstellung und seiner Leistung wird beträchtlich sein.

Es gibt noch weitere Gründe für diese Zeit- und Menge-Entscheidung, die mit der Arbeitseinteilung des Studierenden zu tun haben.

Stellen Sie sich vor, Sie haben sich entschlossen, zwei Stunden zu studieren, und die erste halbe Stunde war recht schwierig, obwohl Sie einen gewissen Fortschritt zu verzeichnen haben. Zu diesem Zeitpunkt haben Sie den Eindruck, daß Ihr Verständnis allmählich besser wird und daß Sie auch schneller vorankommen.

Werden Sie sich selbst anerkennend auf die Schulter klopfen und eine Pause einlegen?

Oder werden Sie sich entschließen, den neuen, besseren Rhythmus auszunutzen und eine Zeitlang weiterzumachen, bis der neue Antrieb nachzulassen beginnt?

Neunzig Prozent der befragten Studenten waren dafür, weiterzumachen. Von denen, die für eine Unterbrechung waren, wollten nur wenige ihre Entscheidung als allgemeine Empfehlung verstanden wissen!

Und doch ist überraschenderweise die beste Antwort, eine Pause einzulegen. Den Grund werden Sie verstehen, wenn Sie sich an die Untersuchung im Kapitel über das Gedächtnis erinnern, welche Menge aus einer Lernperiode im Gedächtnis bleibt. Trotz der Tatsache, daß das Verständnis beständig auf hohem Niveau bleibt, wird die Erinnerung an das Verstandene sich verschlechtern, wenn dem Geist keine Pause eingeräumt wird. Das Diagramm der Abb. 18 ist besonders relevant für die Studiensituation. Es ist wesentlich, daß jede Studienperiode in Abständen von 20 bis 40 Minuten unterbrochen wird und auch zwischendurch noch kleine Pausen eingelegt werden. (Siehe Abb. 19.) Die bei Studenten übliche Praxis, vor einem Examen fünf Stunden an einem Strang zu pauken, sollte der Vergangenheit angehören. Verstehen ist nämlich nicht dasselbe wie Erinnern, was allzu viele verfehlte Examensarbeiten bezeugen.

Die Pausen an sich sind ebenfalls aus verschiedenen Gründen wichtig:

1. Sie geben dem Körper physische Ruhe und Gelegenheit zum Entspannen.
2. Sie ermöglichen es, daß Erinnern und Verstehen vorteilhaft »zusammenarbeiten«.
3. Sie geben dem Geist eine »Verschnaufpause«, in der er die gerade aufgenommenen Informationen vollständig in allen Teilen mit den vorhandenen Informationen verknüpfen – sie integrieren – kann. (Siehe Abb. 21.)

Dieser letzte Punkt steht ebenfalls in Beziehung zu unseren Beobachtungen über das Erinnerungsverhalten. Während jeder Pause wird die Wissensmenge, die aus dem gerade beendeten Studienabschnitt in Erinnerung bleibt, größer und ist auf ihrem Höhepunkt, wenn der nächste Abschnitt begonnen wird. Das heißt, daß man sich nicht nur deshalb an mehr erinnert, weil die Zeitperiode für die Pause gut gewählt ist, sondern daß auch die Ruhepause selbst dazu beiträgt, unser Erinnerungsvermögen effektiver zu machen.

Sie können diesen Effekt noch verstärken, wenn Sie am Anfang und am Ende jeder Studienperiode eine rasche Rückschau auf das Gelesene und eine kurze Vorschau auf den nächsten Abschnitt einlegen.

Wir haben sehr ausführlich die Notwendigkeit einer Entscheidung über den zeitlichen und mengenmäßigen Umfang des Textstudiums erörtert; doch Sie werden feststellen, daß die Entscheidungen selbst extrem wenig Zeitaufwand erfordern und sich im allgemeinen automatisch ergeben, wenn das Überfliegen eines Buches dem Ende zugeht.

Wenn diese Entscheidungen getroffen sind, kann der nächste Schritt gemacht werden.

Notieren des bereits vorhandenen Wissens
über das Studienthema

Wenn Sie über den Umfang des Studienstoffs entschieden haben, sollten Sie so schnell wie möglich so viel wie möglich von Ihrem Wissen über das Thema notieren. Sie sollten für diese Übung möglichst nicht mehr als zwei, höchstens fünf Minuten aufwenden. Die Notizen sollten aus Schlüsselwörtern bestehen und in kreativer kartographischer Form abgefaßt sein.

Der Zweck dieser Übung ist, die Konzentration zu erhöhen, ein Abschweifen zu verhindern und eine gute geistige »Bereitschaft« herzustellen. Dieser letzte Begriff bezieht sich auf das Ziel, den Geist für wichtige statt für unbedeutende Informationen aufnahmebereit zu machen. Wenn Sie zwei Minuten darauf verwendet haben, Ihr Gedächtnis nach einschlägigen Informationen zu durchforsten, werden Sie viel besser auf das Textmaterial eingestimmt sein, und Sie werden nicht von Gedanken an Erdbeeren mit Schlagsahne abgelenkt, die vielleicht später auf Sie warten mögen.

Aus dem Zeitlimit von fünf Minuten für diese Übung wird deutlich, daß nicht Ihr gesamtes Wissen über das Thema gefordert wird – die Übung verfolgt lediglich das Ziel, Ihr Speichersystem zu aktivieren und Ihren Geist in die richtige Richtung zu lenken.

Dabei wird die Frage auftauchen, welche Auswirkung es hat, ob Sie fast nichts über das Thema wissen oder ob Sie schon über erhebliche Vorkenntnisse verfügen. Wenn Sie sehr viel über das Thema wissen, dann sollten Sie die vollen fünf Minuten dazu benutzen, ein Kartogramm über die größeren Unterteilungen, über Theorien, Namen usw., die mit dem Thema zusammenhängen, zu entwerfen. Da der Geist viel schneller Informationen liefert, als die Hand sie niederschreiben kann, werden alle kleineren Assoziationen geistig »gesehen« werden, und die angestrebte geistige Bereitschaft und Aktivierung werden sich automatisch einstellen.

Wenn Ihr Wissen über das Thema praktisch gleich Null ist,

sollten Sie sich auf zwei Minuten beschränken, in denen Sie die wenigen Dinge, die Sie wissen, und dazu alle anderen Informationen, die mit dem Thema in Verbindung zu stehen scheinen, in kartographischer Form darstellen. Das wird Sie so nahe, wie es möglich ist, an das neue Thema heranführen und Sie davor bewahren, sich völlig verloren zu fühlen, wie es vielen in dieser Situation ergeht.

Abgesehen von ihrem unmittelbaren Nutzen für das Studium bietet diese Praxis auch Vorteile allgemeiner Art. Erstens bringt das Aufzeichnen des augenblicklichen Wissensstandes über ein uns interessierendes Thema einen direkten Gewinn. Wir werden uns auf diese Weise viel besser in unserem gespeicherten Wissensvorrat auskennen – wir werden tatsächlich wissen, was wir wissen, und uns nicht ständig in der peinlichen Situation befinden, unser Wissen nicht abrufbereit zu haben. Wir vermeiden das Syndrom des »Ich hab's auf der Zunge« oder »Es fällt mir gerade nicht ein«.

Und zweitens bringt uns die ständige Übung des Erinnerns und Integrierens von Ideen einen enormen Vorteil in Situationen, in denen solche Fähigkeiten wesentlich sind: Prüfungen, Reden aus dem Stegreif und Beantworten von Quizfragen, um nur einige zu nennen.

Wenn diese Fünfminutenperiode vorbei ist, sollten Sie unmittelbar den nächsten Schritt tun.

Fragestellung und Zielbestimmung

Nachdem wir den aktuellen Stand unseres Wissens überprüft haben, sollten wir uns darüber klarwerden, welche Ergebnisse wir vom Studium des Buches erwarten. Das schließt die Definition der Fragen ein, auf die wir beim Lesen eine Antwort zu erhalten wünschen. Die Fragen sollten im Kontext der angestrebten Ziele gestellt werden und ebenfalls in *Mind-Map*-Form mit Schlüsselwörtern notiert werden. Statt dafür ein neues *Mind Map* zu erstellen, können wir diese Fragen auch mit einem

150

anderen Farbstift in das bereits vorhandene Kartogramm über unser aktuelles Wissen einfügen.

Auch diese Übung hat das Ziel, uns auf das Studium geistig vorzubereiten. Sie sollte ebenfalls nicht mehr als fünf Minuten in Anspruch nehmen, da Fragen während des Leseprozesses neu definiert und zusätzliche Fragen eingefügt werden können.

Für ein Standardexperiment zur Begutachtung dieser Vorbereitungsmethode hat man zwei Gruppen von Studenten gebildet, die hinsichtlich des Alters, der Schulbildung, Fähigkeit usw. etwa über die gleichen Voraussetzungen verfügen. Alle Teilnehmer beider Gruppen erhalten denselben Studientext, und es wird ihnen genügend Zeit gegeben, das ganze Buch durchzuarbeiten.

Den zur Gruppe A gehörenden Teilnehmern wird mitgeteilt, daß sie einen umfassenden Test über den ganzen Inhalt des Buches zu erwarten haben und daß sie ihr Studium entsprechend einrichten sollen.

Den Teilnehmern der Gruppe B wird gesagt, daß sie über zwei oder drei Hauptthemen geprüft werden sollen, die sich durch das ganze Buch ziehen, daß sie also ihr Studium danach einrichten sollen.

In Wirklichkeit aber werden beide Gruppen über den Gesamtinhalt geprüft.

Man wird geneigt sein, darin eine unfaire Benachteiligung der Gruppe zu sehen, die nur einen Test über die Hauptthemen erwartet.

Man wird auch vermuten, daß in dieser Situation die zweite Gruppe besser bei Fragen über ihre Themen abschneiden wird, während die erste Gruppe besser auf andere Fragen antworten wird. Man wird wahrscheinlich beiden Gruppen etwa die gleichen Gewinnchancen einräumen.

Für viele überraschend stellte sich jedoch heraus, daß die zweite Gruppe nicht nur bei Fragen über ihre Themen besser abschnitt, sondern auch eine höhere Gesamtpunktzahl erreichte, also alle Teile des Tests besser bestand.

Die Erklärung ist einfach: Die Hauptthemen ziehen wie ein

Greifhaken alle anderen Informationen an sich. Anders ausge-drückt: Die Hauptfragen und Hauptthemen wirken als Assozia-tions- und Verknüpfungszentren.

Die andere Gruppe dagegen verfügte nicht über Zentren zur Assoziation neuer Informationen und arbeitete sich daher ohne festen Unterbau durch das Buch. Man könnte ihre Situation mit der eines Menschen vergleichen, der so viel Auswahl hat, daß er zu keiner Entscheidung kommt. Ein paradoxes Beispiel dafür, daß, wer alles gewinnen will, nichts gewinnt!

Fragen zu stellen und Ziele zu bestimmen, ist besonders wichtig, weil beides zu einem besseren Verständnis der theoreti-schen Grundlagen beiträgt. Wir betonen hier nachdrücklich, daß der Leser um so besser zur Anwendung der Organischen Stu-dienmethode fähig ist, je sorgfältiger er die Fragen ausgewählt und je exakter er die Ziele definiert hat.

Persönliche Notizen

Persönliche Notizen

C: Anwendung

Überblick

- **Thematische Überschau**
- **Vorschau**
- **Ergänzende Textsichtung**
- **Nachschau**
- **Notizen und Vermerke**
- **Wiederholungen**
- **Zusammenfassung**

Thematische Überschau

Es ist eine interessante Beobachtung, daß die meisten Studenten, die ein neues wissenschaftliches Buch studieren wollen, damit beginnen, von der Seite 1 an zu lesen. Es ist *nicht* ratsam, so zu verfahren. Die nachfolgend beschriebene Situation weist Parallelen auf, die diesen Punkt veranschaulichen können.

Stellen Sie sich vor, Sie seien ein begeisterter Anhänger des Puzzlespiels. Eine Freundin (ein Freund) steht vor Ihrer Haustür, bepackt mit einer riesigen, in Papier eingewickelten und mit Bindfäden verschnürten Schachtel, und sagt Ihnen, das sei ein Geschenk für Sie, »das schönste und komplizierteste Puzzlespiel, das jemals von Menschen ausgetüftelt worden ist«. Sie bedanken sich, und während Sie ihr (ihm) nachschauen, wie sie (er) zur Straße zurückgeht, beschließen Sie, unverzüglich und intensiv daranzugehen, das Puzzle zu lösen.

Bevor Sie nun weiterlesen, notieren Sie präzise und detailliert alle Schritte, die Sie von diesem Augenblick bis zur Vollendung der Aufgabe machen würden.

Dann überprüfen Sie Ihre Antworten anhand der folgenden Liste, die meine Studenten erstellt haben:

1. Ins Haus zurückgehen.
2. Die Schnur lösen.
3. Das Papier entfernen.
4. Schnur und Papier wegschaffen.
5. Das Puzzlebild anschauen.
6. Die Anweisung lesen, dabei besonders auf Anzahl der Teile und Gesamtdimensionen des Puzzles achten.
7. Notwendigen Zeitaufwand schätzen und einplanen.
8. Unterbrechungen und Essenspausen einplanen.
9. Für die Dimensionen des Puzzles geeignete Unterlage finden.
10. Die Schachtel öffnen.
11. Inhalt der Schachtel auf Unterlage ausleeren.
12. Wenn Pessimist, Zahl der Teile überprüfen.
13. Alle Teile mit der Farbseite nach oben legen.
14. Seiten- und Eckenteile heraussuchen.
15. Nach Farbbereichen sortieren.
16. »Augenfällige« Stücke und Teile zusammensetzen.
17. Weitere Teile einfügen.
18. »Schwierige« Teile bis zum Schluß beiseitelegen. (Grund: Wie das Gesamtbild klarer wird, je größer die Zahl der angelegten Teile ist, so wird auch die Wahrscheinlichkeit, daß die schwierigen Teile leichter eingefügt werden können, größer, wenn der Kontext größer wird, in den sie passen könnten.)
19. Prozeß bis zur Vollendung fortsetzen.
20. Feiern!

Die Puzzlespiel-Analogie kann direkt auf das Studium übertragen werden. Vor allem erklärt sie sehr einleuchtend, warum es so wichtig ist, das Studieren eines Buches nicht mit der Seite 1 zu beginnen. Das würde nämlich nichts anderes bedeuten, als bei einem Puzzle zuerst die linke untere Ecke zu finden und dann beharrlich Schritt für Schritt von dieser Ecke aus das Gesamtbild aufzubauen.

Wesentlich für ein vernünftiges Herangehen an einen Studientext, vor allem an einen schwierigen, ist es, zunächst eine gute Vorstellung von seinem Inhalt zu bekommen. Anderenfalls wird die ganze Plackerei unvermeidlich in einer Lernkatastrophe enden. Die thematische Überschau ist wichtig.

Man kann sie mit dem Anschauen des Gesamtbildes, dem Lesen der Anweisungen und dem Suchen der Seiten- und Eckenteile eines Puzzles vergleichen. Auf die Situation des Studiums übertragen, bedeutet das, das Buch auf alles Material hin durchzuschauen, das nicht in regulärer Schrift gedruckt ist, und dabei eine Lesehilfe zu benutzen. Die von der Überschau erfaßten Bereiche des Buches sind:

Ergebnisse	**Tabellen**	**Zwischentitel**
Zusammenfassungen	**Inhaltsverzeichnisse**	**Kursivsetzungen**
Schlußfolgerungen	**Randbemerkungen**	**Diagramme**
Einrückungen	**Abbildungen**	**Fußnoten**
Glossare	**Wörter in Großbuch-**	**Statistiken**
Klappentexte	**staben**	**Daten**
	Fotografien	

Diese Überschau hat die Funktion, Ihnen eine gute Kenntnis der graphisch herausgehobenen Teile des Buches zu vermitteln. Es wird kein Überfliegen des Gesamttextes, sondern eine Auswahl spezifischer Bereiche für ein relativ gründliches Studium gefordert. (Siehe Abb. 47.)

Es ist äußerst wichtig, während der Überschau immer einen Schreibstift oder eine andere Art Lesehilfe zu benutzen.

Der Vorzug einer Lesehilfe läßt sich am besten anhand des Studiums eines Diagramms erklären: Falls das Auge nicht durch eine Lesehilfe unterstützt wird, wird es lediglich kurz auf das

Gesamtmenge des Studienmaterials

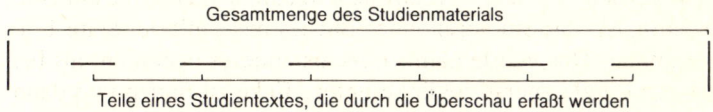

Teile eines Studientextes, die durch die Überschau erfaßt werden

Abb. 47 **Teile eines Studientextes, die durch die Überschau erfaßt werden.**

Gesamtbild des Diagramms fixiert und wandert dann weiter. Dadurch entsteht nur eine vage visuelle Erinnerung, die außerdem ein unrichtiges Bild festhält, weil die Augenbewegung nicht dasselbe Muster »registriert« wie das Diagramm.

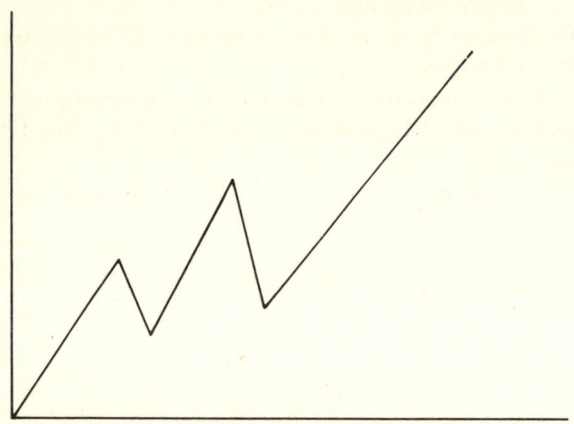

Abb. 48 **Beispiel für das zu studierende Muster eines Diagramms.**

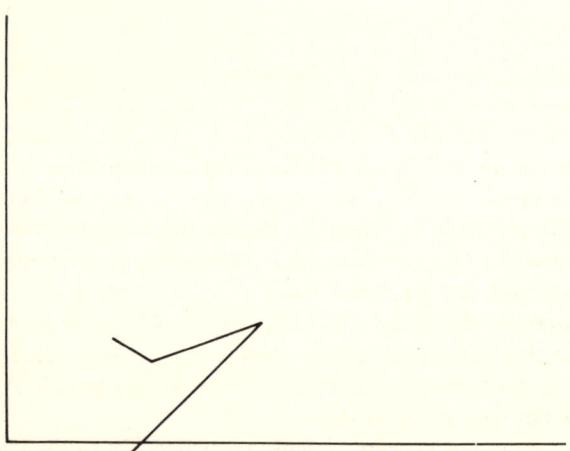

Abb. 49 **Muster einer ungelenkten Augenbewegung über ein Diagramm, die eine unrichtige Erinnerung an die Diagrammform bewirkt.**

158

Wenn eine visuelle Hilfe benutzt wird, folgt das Auge eng dem Verlauf des Diagramms, und die Erinnerung wird durch die folgenden Momente gestärkt:

1. Das visuelle Gedächtnis selbst.
2. Die Erinnerung an die Augenbewegung, die der graphischen Figur gefolgt ist.
3. Die Erinnerung an die Arm- oder Handbewegung beim Nachzeichnen des Diagrammverlaufs (kinästhetisches Gedächtnis).
4. Die visuelle Erinnerung an den Rhythmus und die Bewegung des Zeichners.

Die Gesamterinnerung, die aus dieser Praxis resultiert, ist der eines ohne visuelle Unterstützung lesenden Menschen weit überlegen. Übrigens benutzen Rechnungsprüfer oft ihren Schreibstift, um ihre Augen quer und längs über Zahlenkolonnen und -reihen zu führen. Sie tun das deshalb, weil eine sehr exakte lineare Augenbewegung mit dem ungelenkten Auge nicht zu erreichen ist.

Vorschau

Der zweite Teil der Anwendung unserer Studienmethode ist die Vorschau, die sich mit dem in der Überschau nicht berücksichtigten Material befaßt. Anders ausgedrückt: Ihr Objekt ist der gesamte sprachliche Inhalt des Buches. Man könnte das vergleichen mit der Organisation der Farbbereiche unseres Puzzles.

Während der Vorschau sollte die Aufmerksamkeit auf den Anfang und das Ende von Paragraphen, Abschnitten, Kapiteln und auch ganzen Texten konzentriert werden; denn die Information tendiert ebenfalls zu einer Konzentration auf die Anfangs- und Endphase eines Textes.

Ob Sie einen kurzen wissenschaftlichen Text oder ein Buch studieren, immer sollten Sie die Abschnitte über die Zusammenfassung der Ergebnisse und die Schlußfolgerungen als erstes vollständig lesen. Diese Abschnitte enthalten oft genau die wesentlichen Informationen, nach denen Sie suchen, und sie erlauben Ihnen, den Wesenskern eines Buches zu erfassen, ohne sich durch einen Wust nebensächlichen Materials hindurchzuarbeiten.

Wenn Sie diese Abschnitte studiert haben, sollten Sie noch einmal kurz überprüfen, ob sie wirklich den ganzen Inhalt des Buches zusammenfassen.

In der Vorschau lesen Sie ebenso wie in der Überschau nicht das vollständige Material, sondern konzentrieren sich auf spezielle Bereiche.

Gesamtmenge des Studienmaterials

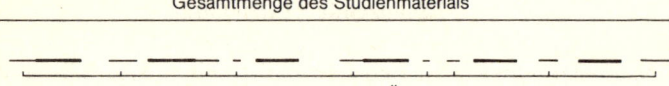

Teile, die durch die Vorschau nach der Überschau erfaßt werden

Abb. 50 **Teile eines Studientextes, die nach der Überschau durch die Vorschau erfaßt werden.**

Man soll den Wert der Vorschau nicht unterschätzen. Ein beispielhafter Fall ist der eines Oxforder Studenten, der sich vier Monate lang mühsam durch ein 500 Seiten starkes Werk über Psychologie hindurcharbeitete. Zu der Zeit, als er bei Seite 450 anlangte, war er der Verzweiflung nahe, weil die Informationsmenge, die er »mitschleppte«, einfach zu groß wurde – er begann buchstäblich kurz vor dem Ziel unter der Informationslast zusammenzubrechen.

Es stellte sich heraus, daß er sich von der Seite 1 an geradewegs, Zeile für Zeile, durch das Buch gelesen hatte und, obwohl er sich dem Ende näherte, nicht wußte, wovon das letzte Kapitel handelte. Es enthielt eine vollständige Zusammenfassung des ganzen Buches! Er las das Kapitel und überschlug dann, daß er sich schätzungsweise 70 Stunden Lesezeit, 20 Stunden Zeit für Notizen und Vermerke und einige hundert Stunden Kummer hätte sparen können, wenn er dieses Kapitel am Anfang gelesen hätte.

Sowohl in der Überschau wie in der Vorschau sollten Sie sehr aktiv das Wichtige auswählen und das Unwichtige aussondern. Viele Menschen fühlen sich verpflichtet, das gesamte Material eines Buches zu lesen, obwohl sie wissen, daß vieles für sie nicht relevant ist. Besser ist es, sich beim Lesen so zu verhalten, wie es viele beim Hören einer Vorlesung tun: Wenn der Vortragende sie langweilt, schalten sie kurzfristig ab, und wenn er zu viele Beispiele bringt, vom Thema abschweift oder sich in Nebensächlichkeiten verliert, dann wählen sie kritisch aus, korrigieren und ignorieren je nach Bedarf.

Ergänzende Textsichtung

Nach der Überschau und Vorschau sollten Sie, falls weitere Informationen notwendig sind, das Material näher sichten. Dieser Studienabschnitt umfaßt das »Einfüllen« ergänzenden Materials und ist mit dem Einfügen der fehlenden Teile eines Puzzles zu vergleichen, nachdem die Randgebiete und Farbbereiche zusammengesetzt sind. In diesem Abschnitt ist nicht unbedingt der größte Teil des Lesestoffes zu bewältigen; denn in vielen Fällen wird das wichtige Material überwiegend in den früheren Studienphasen erarbeitet worden sein.

Man erkennt in der Abb. 51, daß auch nach der Stufe der ergänzenden Textsichtung bestimmte Abschnitte unvollständig erfaßt sind. Das hängt damit zusammen, daß es besser ist, besonders schwierige Passagen einfach zu übergehen, statt sie unbedingt und von nur einer Seite aus klären zu wollen.

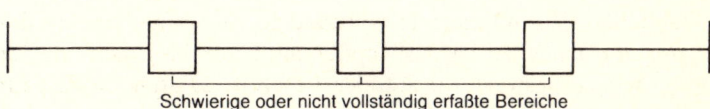

Schwierige oder nicht vollständig erfaßte Bereiche

Abb. 51 **Umfang des Studienmaterials, das nach der ergänzenden Textsichtung erfaßt ist.**

Auch hier kann uns der Vergleich mit dem Puzzlespiel einen guten Hinweis geben. Sich den Kopf zu zermartern, um die Teile zu finden, die sich schwer einfügen lassen, ist eine anstrengende Zeitverschwendung, und ein nicht genau passendes Puzzleteil einfach hineinzupressen oder es gar mit einer Schere passend zuzuschneiden (in der meist vorgetäuschten Annahme, den Zusammenhang zu verstehen), ist ebenso sinnlos. Die schwierigen Stellen eines Studienbuches sind selten wesentlich für das Verständnis des folgenden Textes; aber die Vorteile, sie zu überspringen, sind vielfältig.

1. Wenn man sich nicht unmittelbar mit ihnen abmüht, erhält das Gehirn eine sehr wichtige kurze Zeitspanne, in der es unbewußt an ihnen arbeiten kann. (Die meisten Leser werden die Erfahrung gemacht haben, daß sie eine Examensfrage »unmöglich beantworten konnten«, obwohl ihnen später, als sie darauf zurückkamen, die Antwort sofort einfiel und oft auch noch lächerlich einfach erschien.)
2. Wenn man auf die schwierigen Stellen später zurückgreift, kann man sie von beiden Seiten aus angehen. Abgesehen von diesem offensichtlichen Vorteil kann die Betrachtung eines schwierigen Punktes im Gesamtzusammenhang die automatische Tendenz des Gehirns, Lücken zu vervollständigen, vorteilhaft nutzen.
3. Über eine schwierige Stelle hinwegzugehen, löst die Spannung und beseitigt die geistige Blockade, die so oft bei traditioneller Arbeitsweise eintreten.

Abb. 52 **Wenn der Leser ein Hindernis »überspringt«, kann er es später mit mehr Information »von der anderen Seite aus« angehen. Das Hindernis ist selten wesentlich für das Verständnis des folgenden Textes.**

Ein zusätzlicher Vorteil dieser Methode, schwierige Stellen eines Buches anzugehen, liegt darin, daß sie zu einer kreativen Gestaltung des Studiums beiträgt.

Wenn man die normale historische Entwicklung irgendeiner wissenschaftlichen Disziplin untersucht, entdeckt man, daß eine ziemlich regelmäßige Reihe kleiner und logisch verknüpfter Schritte plötzlich durch große Sprünge nach vorn unterbrochen wird.

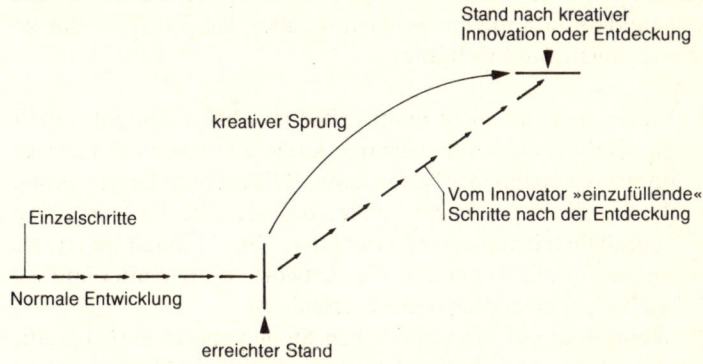

Abb. 53 **Historische Entwicklung von Ideen und kreativen Innovationen**

Die Urheber dieser riesigen Innovationssprünge haben diese in vielen Fällen durch »Intuition« erreicht (durch eine Kombination der linken und rechten Gehirnfunktionen), und ihre Entdeckungen sind zunächst oft auf Unglauben und Spott gestoßen. Galilei und Einstein sind typische Beispiele. Als sie dann ihre Ideen Schritt für Schritt erklärten, wurden sie von anderen allmählich anerkannt, von einigen in einem frühen Stadium, von anderen erst nach langem, heftigen Widerstreben.

Man kann in diesem Prinzip der sprunghaften Innovation und ihres Nachvollzugs eine Analogie zu der Situation des Studenten sehen, der gewisse Abschnitte des Studientextes zunächst überspringt, um sie später bei einem höheren Erkenntnisstand nachzuholen. Mit dieser Methode wird er seinen natürlichen kreativen und intellektuellen Fähigkeiten eine größere Entfaltungsmöglichkeit geben.

Nachschau

Wenn Sie nach Beendigung der Überschau, der Vorschau und der ergänzenden Textsichtung glauben, noch weitere Informationen zu benötigen, müssen Sie einen zusätzlichen Studienabschnitt anhängen: die Nachschau.

In dieser Phase sollten Sie einfach alle noch unvollständig erfaßten Bereiche ausfüllen und die als wichtig gekennzeichneten Abschnitte noch einmal anschauen. Meist wird sich herausstellen, das nicht mehr als 70 Prozent des ursprünglich als relevant angesehenen Stoffes wirklich gebraucht werden. Anschließend sollten Sie Ihre *Mind-Map*-Notizen vervollständigen.

Notizen und Vermerke

Für Notizen während des Studiums eines Buches verwenden wir im wesentlichen zwei Formen:

1. Vermerke im Text selbst.
2. Entwicklung eines *Mind Map*.

Die Vermerke im Buch selbst können enthalten:

1. Unterstreichungen.
2. Persönliche Gedanken zum Text.
3. Kritische Kommentare.
4. Gerade Linien am Rand für wichtige oder bemerkenswerte Abschnitte.
5. Wellenlinien am Rand zur Kennzeichnung unklarer oder schwieriger Passagen.
6. Fragezeichen für Stellen, die Sie nachprüfen wollen oder die Ihnen fragwürdig erscheinen.
7. Ausrufezeichen für außergewöhnlich instruktive Passagen.
8. Ihren eigenen Symbolkode für solche Stellen, die für Ihre persönlichen spezifischen oder allgemeinen Interessen von Bedeutung sind.

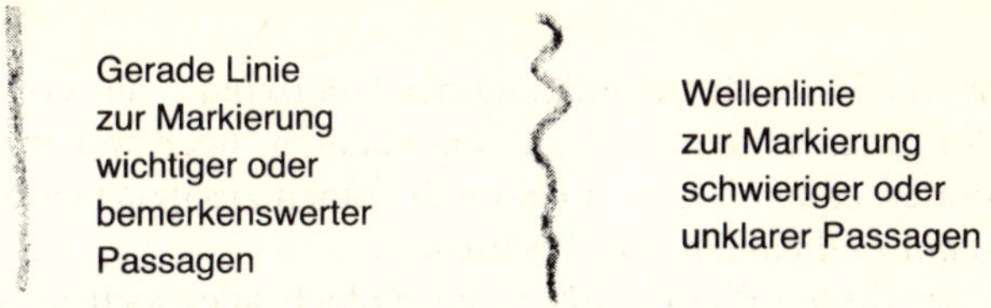

Gerade Linie zur Markierung wichtiger oder bemerkenswerter Passagen	Wellenlinie zur Markierung schwieriger oder unklarer Passagen

Abb. 54 **Techniken für Textvermerke**

Wenn das Buch nicht wertvoll ist, können Sie für Vermerke auch Farbkodes benutzen. Wenn es sich um ein wertvolles oder von Ihnen besonders geschätztes Werk handelt, sollten Sie Ihre Vermerke mit einem sehr weichen Bleistift machen. Wenn Sie außerdem einen *sehr* weichen Radiergummi benutzen, wird die Beschädigung des Buches geringer sein, als sie etwa durch Umblättern mit Zeigefinger und Daumen verursacht wird.

Die Struktur des *Mind Map*, die Sie beim fortschreitenden Lesen des Textes entwickeln, ist dem Zusammenstellen des Puzzlebildes sehr ähnlich. Der Hauptteil der *Mind-Map*-Notizen wird gewöhnlich während der späteren Phasen des Studiums entstehen, da in den Anfangsphasen sehr schwierig zu erkennen ist, was *endgültig* wichtig und aufzeichnungswert ist. Auf diese Weise kann eine unnötige Aufblähung des *Mind Map* vermieden werden.

Am besten beginnen Sie mit einem Zentralbild, das die wesentliche Idee des Buches darstellt. Um diese Zentralidee herum gruppieren Sie dann die größeren Unterthementitel oder Kapitelüberschriften. Sie bilden die Hauptarme, von denen die Sekundär- und Tertiärbereiche Ihrer Aufzeichnungen ausfächern. (Lesen Sie zur Erinnerung noch einmal das Kapitel über Aufzeichnungen durch.)

Der Vorteil der progressiven Entwicklung eines *Mind Map* während des Studiums besteht darin, daß Sie eine Menge von Informationen objektivieren und integrieren, die sonst »in der Luft schweben« würden. Das ständig wachsende *Mind Map* erlaubt Ihnen auch, rasch auf Themen zurückzugreifen, die Sie vorher studiert haben, ohne daß Sie gezwungen sind, lange im Text herumzublättern.

Das *Mind Map* wird Sie nach einem angemessenen Grundstudium in die Lage versetzen, zu erkennen, welche Bereiche des Buches Ihnen noch Schwierigkeiten bereiten, und auch zu sehen, wo eine Verbindung Ihres Themas zu anderen Themen besteht. Dadurch wird das *Mind Map* zu einem die Kreativität fördernden Faktor und befähigt Sie, Ihr Wissen zu integrieren, die Beziehungen zu anderen Wissensbereichen zu erkennen und die geeigneten Maßnahmen zur Klärung strittiger Punkte zu ergreifen. Die Endphase dieses Studiums wird die Vervollständigung und Integration aller Notizen zum Text in das *Mind Map* einschließen, das so als Basis für weitere Studien und für Wiederholungen dienen kann.

Wenn Sie diese Endphase abgeschlossen haben, sollten Sie, wie unser imaginärer Puzzle-Fanatiker, feiern! Das mag komisch klingen, ist aber doch ernst gemeint. Wenn Sie die Beendigung von schwierigen Studienabschnitten mit einer persönlichen Freude assoziieren, wird sich das auf Ihr gesamtes Studium fördernd auswirken.

Wenn Ihr Studienprogramm über das Anfangsstadium hinausgekommen ist, empfehle ich Ihnen, sich große »Zentral-*Mind-Maps*« anzulegen, die über die Hauptsparten und -strukturen der verschiedenen Themenbereiche eine zusammenfassende Übersicht geben.

Wiederholungen

Abgesehen von der unmittelbaren Nachschau ist ein fortlaufendes Wiederholungsprogramm unbedingt notwendig. Es sollte sich nach den im Kapitel über das Gedächtnis erörterten Erkenntnissen richten.

Wir hatten dort festgestellt, daß die Erinnerung nicht unmittelbar nach einer Lernperiode abfällt, sondern daß sie zunächst ansteigt, dann sich stabilisiert und schließlich steil abstürzt.

Dieser Kurve können Sie einen günstigen Verlauf geben,

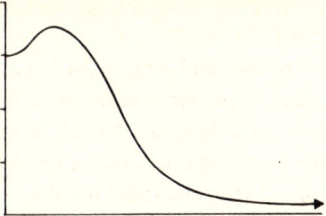

Abb. 55 **Das Diagramm zeigt, daß die Erinnerung nach dem Lernen zunächst ansteigt, bevor sie stark abfällt.**

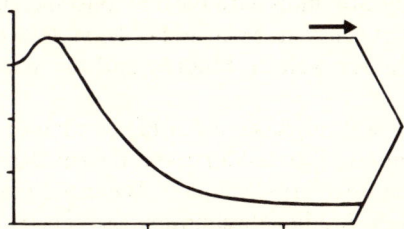

Abb. 56 **Dieses Diagramm zeigt, wie schnell nach einer Lernperiode das Vergessen einsetzt. Es zeigt auch, wie dieser Prozeß durch das Wiederholen gestoppt wird.**

wenn Sie genau an dem Punkt eine Wiederholung ansetzen, an dem Ihre Erinnerung abzufallen beginnt. Eine Wiederholung an diesem Punkt höchster Erinnerung und Integration wird das hohe Niveau für ein oder zwei Tage aufrechterhalten. (Siehe auch Abb. 22.)

Die Organische Studienmethode: Zusammenfassung

Die Gesamtheit der Organischen Studienmethode darf nicht als eine schrittweise Progression angesehen werden, sie ist vielmehr eine Reihe in Wechselbeziehungen stehender Aspekte der Studientechnik. Es ist durchaus möglich, das hier vorgestellte Ordnungssystem umzustellen und abzuändern. Man könnte zum

Beispiel über den Umfang des Materials entscheiden, bevor der zeitliche Rahmen abgesteckt ist. Die thematische Substanz mag bekannt sein, bevor über Zeit und Umfang entschieden ist, und folgerichtig könnte das Übungsprogramm zur Feststellung des vorhandenen Wissens vorgezogen werden. Die Fragestellung kann im Vorbereitungsstadium oder in einer der letzten Studienphasen angesetzt werden. Die Überschau kann bei Büchern fortfallen, bei denen sie unnötig ist, oder mehrfach wiederholt werden, wenn es sich um mathematische oder physikalische Texte handelt. (Ein Student fand heraus, daß er mehr behielt, wenn er vier Kapitel eines schwierigen Mathematikbuches fünfundzwanzigmal pro Woche vier Wochen lang schnell durchlas, als wenn er sich mühsam eine Formel nach der anderen einprägte. Er wandte dabei bis zum Extrem, aber sehr wirkungsvoll, die Methode an, schwierige Passagen zu überspringen.) Eine Vorschau kann weggelassen oder in verschiedene Abschnitte unterteilt werden. Und ergänzende Textsichtung und Nachschau können variabel ausgedehnt oder eingeschränkt werden.

Anders ausgedrückt: Sie können jedes Thema und jedes Buch über jedes beliebige Thema in der Weise angehen, die Ihnen am besten geeignet erscheint. Wenn Sie ein Buch, auch ein sehr schwieriges, zu studieren beginnen, wissen Sie, daß Sie die grundlegenden Voraussetzungen besitzen, um die für Sie geeignete, und notwendigerweise einmalige, Studienmethode auszuwählen.

Das Studieren wird so folgerichtig zu einem persönlichen, wechselwirkenden, ständig sich ändernden und anregenden Erlebnis, statt eine starre, unpersönliche und ermüdende Belastung zu sein.

Sie sollten übrigens auch beachten, daß es zwar so aussieht, als würden sie das Buch mehrmals lesen, daß das aber in Wirk-

Abb. 57 **Anzahl der Lesevorgänge bei Anwendung der Organischen Studienmethode.**

lichkeit nicht der Fall ist. Bei Anwendung der Organischen Studienmethode werden Sie im Durchschnitt die meisten Abschnitte nur einmal lesen und dann die Ihnen wichtig erscheinenden Passagen effektiv wiederholen.

Im Gegensatz dazu liest derjenige, der ein Buch »einmal durchliest«, es in Wirklichkeit sehr viele Male. Er glaubt, es nur einmal durchzulesen, weil er eine Information nach der anderen aufnimmt. Er ist sich aber nicht darüber klar, daß sein häufiges Rückgreifen und Zurückspringen, das Mehrfachlesen schwieriger Passagen, die allgemeine Desorganisation und der Abfall des Erinnerungsvermögens wegen falscher Wiederholungspraxis letztlich dazu führen, daß er das Buch oder doch einzelne Kapitel bis zu zehnmal liest.

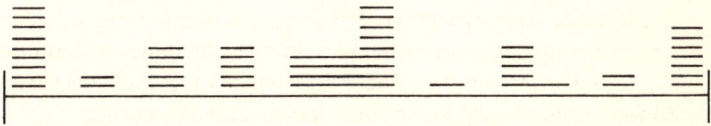

Abb. 58 **Anzahl der Lesevorgänge bei der traditionellen Technik des »einmaligen Durchlesens«.**

Nachwort

Wir sind jetzt am Ende unseres »Kopftrainings« angelangt. Ich hoffe, es ist Ihnen klargeworden, daß dies kein Ende, sondern der wirkliche Anfang ist. Mit dem physischen Wunderwerk Ihres komplexen Gehirns und mit seinen gewaltigen intellektuellen und emotionalen Kräften, mit Ihrer Fähigkeit, Informationen zu absorbieren und sie abrufbereit im Gedächtnis zu speichern, und mit den neuen Techniken, die besser auf Ihre geistige Struktur und Funktionsweise abgestimmt sind, weil sie dem Gehirn erlauben, seine eigene Ausdrucks- und Organisationskraft materiell zur Geltung zu bringen – mit all dem sollten Lesen, Studieren, Lernen und das Leben überhaupt das werden, was sie sein können: ein fröhliches und schwungvolles Voranschreiten, das nicht Kummer und Enttäuschung bringt, sondern Freude und Erfüllung.

Wenn Sie an weiterem Informationsmaterial oder an Lehrgängen über die in *Kopftraining* behandelten Themen interessiert sind, können Sie den Autor unter folgender Anschrift erreichen:
c/o BBC Publications
35 Marylebone High Street
London, WIM 4 AA

Persönliche Notizen

Bibliographie

Adams, J. A. *Human memory* McGraw-Hill, 1967.

Alexander, F. M. *The Alexander technique: the essential writings of F. Matthias Alexander* ed. E. Maisel. Thames and Hudson, 1974; published originally as *The resurrection of the body* New York: University Books, 1969; Dell Publishing, paperback 1974.

Alexander, F. M. *The use of the self: its conscious direction in relation to diagnosis, functioning and the control of reaction* Methuen, 1931. o. p.

Bergamini, D. *The universe* Time-Life International, 1968.

Bono, E. de *Children solve problems* A. Lane, 1972; Penguin Books, 1972. o. p.; New York: Harper and Row, 1974.

Brown, M. E. *Memory matters* David and Charles, 1977. o. p.; Sphere, 1979; New York: Crane, Russell, 1977.

Buzan, T. *Make the most of your mind* Colt Books, 1977; Pan, 1981.

Buzan, T. *Speed memory* David and Charles, rev. edn. 1977; Sphere, 1974.

Buzan, T. *Speed reading* David and Charles, rev. edn. 1977; Sphere, 1971.

Buzan, T. and Dixon, T. *The evolving brain* David and Charles, 1978; New York: Holt, Rinehart and Winston, 1978.

Cohen, D. H. *The learning child* New York: Pantheon Books, 1972; Wildwood House, paperback 1973. o. p.

D'Arcy, P. *Reading for meaning* Hutchinson for the Schools Council, 2 vols. 1973.

Edwards, B. *Drawing on the right side of the brain* Boston MA; Houghton Mifflin, St Martin, 1979; Penguin Books, 1981.

Encyclopaedia Britannica 30 volumes E. B., 1974.

Einstein, A. *Relativity* Methuen, 1920. o. p.; rev. edn. paperback 1954; Magnolia, MA: Peter Smith, 1961. (dt.: *Zur allgemeinen Relativitätstheorie*, 1915)

172

Eyken, W. van der *The pre-school years* Penguin Books, n.e. 1977.

Farb, P. *Ecology* Time-Life International, 1965.

Freire, P. *Pedagogy of the oppressed* New York: Herder, 1970; Sheed and Ward, 1972. o.p.; Penguin Books, 1972.

Gattegno, C. *What we owe children: subordination of teaching to learning* New York: Outerbridge, 1970. o.p.; Routledge, 1971; n.e. paperback 1975.

Hall, J.F. *The psychology of learning* Philadelphia: J.B. Lippincott, 1966. o.p.

Harris, E.E. *Hypothesis and perception* Atlantic Heights, N.J.: Humanities, 1970; Harvester Press, n.e. 1978.

Henry, J. *Essays on education* Penguin Books, 1971. o.p.

Hoggart, R. *The uses of literacy* Chatto and Windus, 1957; Penguin Books, 1969.

Holt, J. *How children fail* Pitman, 1970. o.p.; Penguin Books, 1969; New York: Dell Publishing, 1970.

Huxley, A. *The doors of perception* Chatto, 1968; Panther, 1977; New York: Harper and Row, 1970.

Illich, I.D. *Deschooling society* Calder and Boyars, 1971; paperback 1972; Penguin Books, 1971; New York: Harper and Row, 1971. (dt.: *Entschulung der Gesellschaft*, 1972)

Illich, I.D. *Celebration of awareness* Calder and Boyars, cased and paperback 1971; Penguin Books, 1976; New York: Doubleday, 1971. (dt.: *Almosen und Folter*, 1970).

Julesz, B. *Foundations of Cyclopean perception* University of Chicago Press, 1971.

Klee, P. *Notebooks* vol. 1 Lund Humphries, 1961; New York: Wittenborn, 1978. (dt.: *Tagebücher 1898–1918*, hg. 1957)

Lapp, R.E. *Matter* Time-Life International, 1965.

Luria, A.R. *The man with a shattered world: the history of a brain wound* New York: Basic, 1972; Cape, 1973; Penguin Books, 1975, o.p.

McCulloch, W.S. *Embodiments of mind* M.I.T. Press, n.e. paperback 1970. o.p.

Maslow, A.H. *Toward a psychology of being* Van Nostrand Reinhold, 2nd edn. paperback 1969.

Maslow, A. H. *Motivation and personality* Harper and Row, 2nd rev. edn. 1970.

Moore, R. *Evolution* Time-Life International, 1969.

Neill, A. S. *Summerhill: a radical approach to education* Gollancz, 1962. o. p.; Penguin Books, 1968. (dt.: *Das Beispiel Summerhill*, 1971)

Neumann, J. von *The computer and the brain* Yale University Press, 1958.

Newson, J. and E. *Patterns of infant care in an urban community* Penguin Books, 1965.

Nourse, A. E. *The body* Time-Life International, 1966.

Pfeiffer, J. E. *The cells* Time-Life International, 1965.

Postman, N. and Weingartner, C. *Teaching as a subversive activity* New York: Delacorte, 1969; Pitman, 1971. o. p.; Penguin Books, 1971.

Razzell, A. G. *Juniors: a postscript to Plowden* Penguin Books, 1968. o. p.

Reimer, E. *School is dead: an essay on alternatives in education* Penguin Books, 1971.

Rudolph, M. *Light and vision* Time-Life International, 1968. o. p.

Saint-Exupéry, A. de *The little prince* New York: Harcourt, Brace, 1943; Heinemann, 1945; Piccolo Books, 1974. (dt.: *Der kleine Prinz*, 1950)

Sandström, C. I. *The psychology of childhood and adolescence* Methuen, 1966. o. p.; Penguin Books, 1968.

Sawyer, W. W. *Vision in elementary mathematics* (Introducing mathematics, 1), Penguin Books, 1964. o. p.

Schaff, A. *Introduction to semantics* Pergamon Press, 1962. o. p.

Spencer Brown, G. *Laws of form* Allen and Unwin, 1969; New York: Dutton, 1979.

Starling, E. H. and Evans, Sir Charles *Principles of human physiology* 14th edn. edited by H. Davson and G. Eggleton. Churchill Livingstone, 1968. o. p.

Suzuki, S. *Nurtured by love: a new approach to education* New York: Exposition Press, 1969; Bosworth Press, 1970.

Tanner, J. M. *Growth* Time-Life International, 2nd rev. edn.
1969.

Tolansky, S. *Revolution in optics* Penguin Books, 1968. o. p.

Vaizey, J. *Education for tomorrow* Penguin Books, rev. edn.
1970.

Wilson, J. R. *The mind* Time-Life International, 1966.

Wilson, M. *Energy* Time-Life International, 1965.

Winnicott, D. W. *The child, the family and the outside world*
Penguin Books, 1964; Sante Fe, NM: Gannon, 1966.

Yates, F. A. *The art of memory* Routledge 1966; Penguin Books,
n. e. 1978; University of Chicago Press, 1966.

Hinweis auf deutsche Literatur

Benesch, H. *Der Ursprung des Geistes*, München 1980

de Bono, E. *Der Denkprozeß*, Hamburg 1975

de Bono, E. *Das spielerische Denken*, Hamburg 1972

v. Ditfurth, H. *Der Geist fiel nicht vom Himmel*, Hamburg 1976

Ornstein, R. E. *Die Psychologie des Bewußtseins*, Köln 1974

Ott, E. *Optimales Denken*, Hamburg 1973

Vester, F. *Denken, Lernen, Vergessen*, München 1978

Wilkes, M. W. *Denkfehler, Denkfallen, Denkblockaden*, München 1983